JN041347

リテール
マーケティング
入門

【編著】

堂野崎　衛 DONOSAKI Mamoru

【執筆】

河田賢一 KAWADA Kenichi

髭白晃宜 HIGESHIRO Teruki

所　吉彦 TOKORO Yoshihiko

麦島　哲 MUGISHIMA Satoshi

東京 **白桃書房** 神田

まえがき

　わが国の企業を取り巻く環境変化はいままさに大きな転換点を迎えています。人口減少や少子高齢化，消費者のライフスタイルや価値観の変化，企業のグローバル化などの環境変化が叫ばれて久しいですが，これらの変化に加えて，近年，最も特徴的なのは，IoT や AI など革新的なデジタル技術の加速度的進展にみられるような技術環境の変化です。こうした技術環境の変化はあらゆる産業・分野においてパラダイムシフトを起こしつつあります。しかも，このデジタル技術の革新と浸透スピードは以前と比べて比較にならないほど格段に速まっており，企業には迅速かつ柔軟に対応することが求められ，これに呼応して私たちの生活様式にもきわめて急速な変化を迫っています。

　こうした中で小売市場に着目してみると，インターネット販売（EC）が普及したことで実店舗の市場が奪われ，従来からみられた実店舗同士の競争だけではなく，実店舗と EC 事業者との競争が同時的に行われる多元的競争が繰り広げられるようになってきました。実店舗では EC 部門を新規開設・強化し，マルチチャネル化（実店舗販売と EC），さらにオムニチャネル化（実店舗販売と EC を融合）を進めることで，消費者の買物行動への適応化を図りながら打開策を見出そうとする動きもあります。

　そのほかにも，人口減少する地方の過疎地域における買物弱者問題を小売業としてどのように支援していくのか，小売業の経営において法令順守の体制をいかに構築すべきか，拡大を目指すインバウンドへの対応をどのように進めるのか，難しくなっている従業員確保をどのように進めるのか，競合する企業とどのように差別化を図っていくのか，顧客のリピート率をどのように高めていくのか，利益率をどのように高めていくのか……など，小売業が考慮すべき，また乗り越えるべき課題は外にも内にも山積しています。こうしたことを理解し，解決策を検討するためには，小売業の経営，店舗運営に必要な基本的な知識を体系的に学ぶことが必要になってきます。

　そこで本書は，短大・大学・大学院等でリテールマーケティングを学ぶ初

学者をはじめ，小売流通や小売経営論，マーケティングについて学ぶ人，あるいは小売業に従事する人やメーカー・卸売業・物流業・情報サービス業など実務において小売業と深く関わりを持つ仕事に従事する人などを主たる読者層として想定し，リテールマーケティングを学ぶための基本的な教科書という位置付けで企画・制作しました。

　その内容は，流通や小売分野における唯一の公的資格である日本商工会議所主催「リテールマーケティング（販売士）検定」2級の出題範囲の内容をベースとしながらも，3級の出題範囲についてもカバーした内容で構成されています。また，各章の最後には学習の理解度を確認，または手助けするための練習問題を掲載しました。この練習問題を通じて，各章の知識の定着度合いを確認してみてください。

　本書を通じて，小売経営や店舗運営などのリテールマーケティングについての基本的な内容の理解と知識を深め，また検定試験2級と3級の資格取得を目指していただくなど，幅広い場面で活用していただくことを切に願っています。

　最後に，本書の上梓にあたり，企画から出版に至るまでの過程において様々なかたちでご支援をいただいた白桃書房代表取締役社長の大矢栄一郎氏，元編集部の平千枝子氏，編集部の金子歓子氏に心より御礼申し上げます。

　なお，執筆にあたり，日本商工会議所・全国商工会議所編『販売士ハンドブック（応用編）〜リテールマーケティング（販売士）検定試験2級対応〜』（カリアック発行，2020年）を参照させていただきました。ここに記して感謝申し上げます。

2023年1月

堂野崎　衛

まえがき … i

第1章　小売業の類型

1 流通と小売業の役割 …2
1-1　流通と小売業 …2
1-2　小売業態変化に関する理論仮説 …5
1-3　グローバルリテーラーの動向と課題 …8

2 組織形態別小売業の運営特性 …11
2-1　チェーンストアの概要 …11
2-2　レギュラーチェーン，ボランタリーチェーン，
　　　フランチャイズチェーン …15

3 店舗形態別小売業の運営特性 …20
3-1　専業（業種）店と専門（業態）店 …20
3-2　専門店の運営特性 …20
3-3　百貨店の運営特性 …21
3-4　総合品ぞろえスーパーの運営特性 …24
3-5　スーパーマーケットの運営特性 …27
3-6　ホームセンターの運営特性 …28
3-7　ドラッグストアの運営特性 …29
3-8　コンビニエンスストアの運営特性 …31
3-9　スーパーセンターの運営特性 …33
3-10 生協の運営特性 …33
3-11 ディスカウントストア、100円ショップ、アウトレットストア …35

練 習 問 題

第2章　マーチャンダイジング

1 マーチャンダイジングの戦略的展開 …44
　　1-1　変革するマーチャンダイジングの概念 …44
　　1-2　マーチャンダイジング・サイクルにおける構成要素と経営管理 …45

2 商品計画の戦略的立案 …49
　　2-1　カテゴリー別商品計画立案 …49
　　2-2　商品構成の原理原則 …50

3 販売計画の戦略的立案 …52
　　3-1　販売計画の立案から販売管理までの概要と作業体系（フロー）…52
　　3-2　カテゴリー別販売管理方法 …53
　　3-3　予算編成および利益計画の概要 …54

4 仕入計画の策定と仕入活動の戦略的展開 …59
　　4-1　仕入計画の策定 …59
　　4-2　仕入活動の戦略的展開 …60
　　4-3　消費財の分類別再発注のポイント …63

5 販売政策の戦略的展開 …66
　　5-1　販売政策において実施する価格政策の概要 …66
　　5-2　価格政策の実際 …68
　　5-3　棚割システムの戦略的活用方法 …69

6 商品管理政策の戦略的展開 …72
　　6-1　商品管理の意義と方法 …72
　　6-2　商品ロスの基本的原因 …74
　　6-3　POSシステムの戦略的活用方法 …75

7 物流政策の戦略的展開 …80
　　7-1　小売業における物流システムへの取組み視点 …80
　　7-2　店舗形態別にみる物流システムの取組み視点 …80
　　7-3　総合型物流システムの展開 …82

練 習 問 題

第3章　ストアオペレーション

1 ストアオペレーション・サイクルの実践と管理 …94
  1-1　売上と利益向上を目指すストアオペレーション …94
  1-2　発注システムの運用と管理 …96
  1-3　商品の前出し作業と補充作業 …97
  1-4　戦略的ディスプレイとディスプレイ実施上の留意点 …98
  1-5　棚卸の目的と実施プロセス …100
  1-6　レジチェッカーの役割 …101

2 戦略的ディスプレイの方法 …103
  2-1　補充型陳列(オープンストック) …103
  2-2　縦割陳列の展開 …103
  2-3　フェイスとフェイシングの違い …104
  2-4　フェイシングとは …104
  2-5　補充型陳列の事例 …105
  2-6　補充型陳列の原則 …105
  2-7　補充型陳列の方法 …107
  2-8　展示型陳列(ショーディスプレイ) …109
  2-9　ビジュアルマーチャンダイジング(VMD)への取組み視点 …110

3 作業割当の基本 …112
  3-1　ワークスケジューリングの基本知識 …112
  3-2　パートタイム労働者の活用方法 …113

4 LSPの役割と仕組み …115
  4-1　LSPの目的と実施計画 …115
  4-2　LSPの活用による発注作業の改善 …117
  4-3　グローサリーにおける理論的発注数量の計算 …118
  4-4　発注作業の人時計算モデルと発注率低減のための改善策 …119

5 人的販売の実践と管理 …121

練習問題

第4章　マーケティング

1　小売業のマーケティングミックス …132

- 1-1　小売業のマーケティングミックス …132
- 1-2　プレイス (Place) —ストアアロケーション …132
- 1-3　プロダクト (Product) —マーチャンダイジング …133
- 1-4　プライス (Price) — EDFP …136
- 1-5　プロモーション（Promotion）
　　　—リージョナルプロモーション …139

2　商圏特性・市場細分化と出店戦略 …141

- 2-1　商圏特性・市場細分化 …141
- 2-2　商圏調査・出店立地選定・出店戦略の手法 …143

3　マーケットリサーチ …146

- 3-1　マーケティングリサーチとマーケットリサーチの調査方法 …146
- 3-2　調査の実施手順 …148

4　プロモーション (Promotion) —リージョナルプロモーション …149

- 4-1　Pull 戦略 …150
- 4-2　Push 戦略 …152
- 4-3　Put 戦略 …154

5　顧客戦略 …156

- 5-1　製品志向→顧客志向→顧客中心 …156
- 5-2　顧客戦略 (CRM) …158
- 5-3　顧客戦術 (FSP) …158

練 習 問 題

第5章　販売・経営管理

1　販売管理者の法令知識 …168

1-1　取引の法知識 …168
1-2　仕入に関する法知識 …173
1-3　販売に関する法知識 …177
1-4　商標法、不正競争防止法、景品表示法 …188
1-5　リスクマネジメント …190

2　小売店経営における計数管理と計算実務 …192

2-1　計数管理と利益獲得フロー …192
2-2　店舗経営に必要な計算実務 …193
2-3　売場の効率化をはかる指標 …195

3　販売活動に求められる決算データと経営分析 …197

3-1　損益計算書における利益の種類 …197
3-2　広義の経営分析 …197
3-3　狭義の経営分析 …199
3-4　主要な経営分析指標 …199

4　小売業における組織の基本原則と従業員管理 …202

4-1　組織の概念 …202
4-2　雇用・就業の動向と従業員管理 …204
4-3　人材育成とリーダーシップのあり方 …208

5　店舗施設の維持・管理 …211

5-1　防犯・防災対策と店舗施設の保守 …211
5-2　衛生管理 …211

練　習　問　題

あとがき …221
索引 …223

COLUMN 1：電子商取引とキャッシュレス社会 …26

COLUMN 2：買い物スタイルの変化 …32

COLUMN 3：商業集積 …36

COLUMN 4：マーチャンダイザーとバイヤーの違い …48

COLUMN 5：小売業における RFID の活用 …79

COLUMN 6：スマートロジスティクス …85

COLUMN 7：包装の目的と和式進物包装 …102

COLUMN 8：ディスプレイの基本的パターン①（陳列什器の形状による分類）…108

COLUMN 9：ディスプレイの基本的パターン②（販売方法の特徴による分類）…111

COLUMN 10：製品戦略（ブランド計画）…135

COLUMN 11：価格戦略 …138

COLUMN 12：プロモーション戦略（広告の分類）…152

COLUMN 13：来店促進、購買促進への影響①（照明）…157

COLUMN 14：来店促進、購買促進への影響②（色彩）…159

COLUMN 15：商品の標準化や規格化に関する法律 …178

COLUMN 16：各種リサイクル法 …181

COLUMN 17：消費期限と賞味期限 …212

第 1 章

小売業の類型

1 流通と小売業の役割

本節では，流通の意義と役割，小売業態変化に関する理論や仮説，世界の小売業の動向についてみていく。

1-1 流通と小売業

(1) 流通業の役割

市場経済の下では，消費者への財（＝商品）の円滑な移転を実現するために生産と消費との間にあるギャップ（隔たり）をつなぐ役割を担う者が必要となる。ここでいうギャップとは，たとえば，生産する者と消費する者とが分離しているという人格的ギャップ，生産地点と消費地点には距離があるという空間的ギャップ，生産時期と消費時期が相違しているという時間的ギャップ，生産部門における需要情報と消費部門における供給情報がそれぞれ不足しているという情報のギャップなどである。このような生産と消費の間にあるギャップを架橋する役割を果たしているのが流通であり，それを担うのが流通業である。流通業がなければ，私たちが欲しい商品を，欲しい時に，欲しい量だけ購入することはできず，生活が成り立たないほど重要な役割を担っているのである。

流通業といった場合，小売業と卸売業の2つを想定しなければならない。

まず，小売業とは，生産者（メーカー）や卸売業者から商品を仕入れて，消費者に直接商品を販売する事業者をいう。しかし，小売業の中にも，街なかの酒販店では消費者に販売する（B to C）だけでなく，飲食店などの事業者にも酒類を販売する（B to B）こともあり，小売業務と卸売業務を兼務する場合もある。そのため，統計上は年間販売額の50％以上を消費者に販売していれば小売業に分類され，事業者に販売していれば卸売業に分類される。

また，小売業の役割には，生産者に代わり消費者に商品を販売するという「販売代理機能」を果たすと同時に，消費者が小売業に買い物に来る前に事

前にニーズに即した商品を仕入れて，品揃えしておくという「購買代理機能」も果たしている。

　次に，卸売業とは，生産者と小売業を仲介する事業者をいい，商品の円滑な流通を促す中間流通業者である。需要と供給のバランスの調整や生産者や小売業との価格交渉，商品の配送，円滑な取引の実現など，多様な役割を担っている。

　このような2つの流通業が生産と消費の間に介在することにより，円滑な流通が実現されている。以下では，流通業の存在意義を示す2つの原理についてみていこう。

① 取引総数単純化の原理

　取引総数単純化の原理とは，生産者と消費者の間に流通業が仲介することにより，仲介しない場合よりも取引総数が単純化され，流通費用全体が削減できることを表した原理である。

図表 1.1　取引総数単純化の原理

流通業が仲介しない（直接流通）

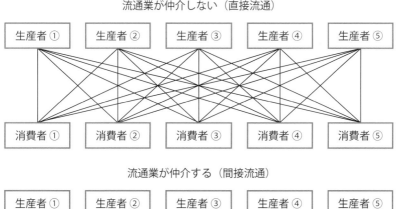

流通業が仲介する（間接流通）

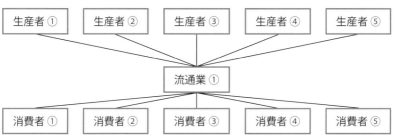

出所：『販売士2級ハンドブック（上巻）』（2020）図1-1-2を参考に筆者作成

図表 1.1 の場合，流通業が仲介しない直接流通では，取引の数は 5 × 5 で 25 となるが，流通業が仲介する間接流通では，取引の数は 5 + 5 で 10，すなわち 15 の取引が削減される。仲介する流通業が複数の生産者と複数の消費者それぞれと取引をおこなうことで取引数やこれに付随する流通費用が節約され，取引が効率的になることを示すものである。ただし，その効果は生産者と消費者の数が増えるほど大きくなるが，流通業の数が増えるほど小さくなる。

② 集中貯蔵の原理

集中貯蔵の原理とは，流通業が集中的に商品在庫を保有すれば，個別の生産者が保有する場合の総和より在庫数量が縮小され，流通費用全体が削減されることを表した原理である。たとえば，小売業者が 3 者存在する場合，需要の変化に対応するために各小売業者が商品在庫を 20 個必要であると仮定する。このとき，市場の商品在庫は 3 × 20 = 60 個となる。しかし，卸売業が介在することで商品を小売業に遅滞なく供給することができれば，各小売業者は 20 個よりも少ない商品在庫で需要の変化に対応することが可能となる。小売業者は余分な在庫を保有する必要がなくなるのである。

(2) 3 つの流通フロー

生産者から消費者までの流通経路には様々なものが流れていく，これを**流通フロー**という。そのうち，商品所有権のフローを**商流**（商的流通），商品そのもののフローを**物流**（物的流通），情報のフローを**情報流**（情報流通）という。以下では，3 つの流通フローの概要についてみていく。

① 商流

商流が果たす機能には，所有権移転機能と危険負担機能がある。所有権移転機能とは，商品所有権を移転するための活動をいい，一般的に売り手が商品所有権を譲渡する販売活動と，買い手が同所有権を取得する購買活動という，商品売買によりおこなわれる。

私たちがコンビニで買い物することを例として考えると，店内を回って必要な商品を選んでレジに持っていき，レジ担当者が商品代金の計算をし，その代金を消費者が支払うと売買が成立し，商品所有権はコンビニから消費者

に移転する。危険負担機能とは，商品所有権を保有することにより生ずる危険，すなわち，売れ残ってしまうかもしれないというリスクを持つことをいう。商品の所有権を保有することは，同時に危険負担を持つことにもなる。

② 物流

　物流が果たす機能には，輸送機能と保管機能がある。輸送機能とは，商品を生産地から消費地へと移転するための機能をいい，生産と消費の空間的ギャップを架橋している。また，保管機能とは，商品が消費される時点まで商品価値を保つための機能をいい，生産と消費の時間的ギャップを架橋している。

　物流活動をフローという視点からとらえると，調達物流から始まり，生産物流，販売物流，回収物流へと続く。物流をその活動内容から分類すると，輸送・配送，保管，荷役，包装，流通加工の5つに分けられる。

③ 情報流

　生産者は自分の商品を必要とする消費者が「どこで」，「何を」，「どれくらいの数量を」，「いくらの価格で」入手したいと思っているか正確に把握できない。一方で消費者も自分が必要な商品を「どの生産者から」，「どの販売ルートで」，「いくらの価格で」入手できるか正確に把握できない。この両者の情報不足を埋めるのが情報流である。すなわち情報流は生産と消費の間の情報のギャップを架橋している。

　また，経済のグローバル化により，遠い国や地域で生産された商品を効率的に輸送する必要性が高まっており，そうした際にも情報流は重要な役割を果たすことになる。

1-2 ▎小売業態変化に関する理論仮説

　これまで，日本における小売業の歴史は，その時代を映し出す鏡としての役割を果たすとともに，その主役の座は何度も移り変わってきた。こうした背景には，社会構造の変化や消費者のライフスタイルの変化，消費者ニーズの変化とこれに伴う小売業態間の激しい競争などにより，新しい小売業態や店舗形態（ストアフォーマット）が次々と誕生し，成長する一方で，既存の小売業態や店舗形態の中には変化のスピードに対応できず成長速度が鈍化した

り，衰退したりしていくものもあった。

　ここでは，環境変化の中で新たな小売業態や店舗形態がいかにして誕生・発展してきたのかを示す6つの理論的仮説を取り上げてみていこう。

(1) 小売の輪の理論

　小売の輪の理論は，1958年にマクネア（M.McNair）により提唱された理論である。新しい革新的小売業態の多くはローコストオペレーション・システムを革新することによりローマージン（低い粗利益率）を実現し，消費者に低価格を訴求する小売業態として現れる。

　低価格志向の消費者には，こうした小売業態が人気を博すようになる。それをみた他の小売業も追随して同業態に参入し，やがてライバル同士の競争が発生し始めることになる。低価格を訴求する小売業態同士間の価格競争は次第に激しくなり，一部の小売業の中にはこれに耐え切れず，価格競争から抜け出そうと高品質商品の取り扱いやサービスの向上，店舗施設のグレードアップなどの低価格志向の小売業態との差別化を図ろうとする者が現れ始める。そうすると，やがて競争の中心は価格競争から非価格競争へと移行し始め，当初のローマージンを基礎にした低価格訴求の小売業態ではなく，非価格訴求型小売業態（高コスト・高マージン）へ移行するトレーディングアップ（格上げ）がおこなわれるようになる。

　この結果，革新的小売業態が低価格であり続けることが難しくなると，そこに注目した新たな低価格訴求の革新的小売業態が参入する機会が訪れる。このような，低価格訴求の革新的小売業態が競争の結果，やがてトレーディングアップするプロセスがサイクル状に繰り返されると考えるのが，小売の輪の理論である。

(2) アコーディオン理論

　アコーディオン理論は，ホランダー（S.Hollander）により提唱された理論であり，商品構成の総合化と専門化が繰り返されるというものである。小売業は消費者の，1つの店舗で多様な商品を買い揃えたいというワンストップショッピングのニーズに応えるために，商品構成を広げ総合化することがあ

る。しかし，総合化を目指す小売店舗では空間的制約もあり取扱商品を無限に広げることはできないため，ある程度の売れ筋を意識した総合的な品ぞろえを目指すほかない。こうした総花的な品揃えでは他小売業と差別化できず，そこに注目した小売業が商品構成を狭め，ある特定の商品カテゴリーに特化した専門化された品ぞろえを目指す小売業が現れる。この理論では，一般店→専門店→百貨店→ブティック→ショッピングセンター→コンセプトショップの流れで小売業が発展してきたアメリカの事例にもとづいて，専門化と総合化が繰り返されることで小売業が発展することを示すものである。

(3) 真空地帯理論

真空地帯理論は，ニールセン（O.Nielsen）が提唱した理論である。たとえば3つの小売業が存在するとして，A小売業は商品価格やサービス水準が低い，C小売業はそれが高く，B小売業はA小売業とC小売業の中間くらいとする。一般的にこうした場合，中間のB小売業が最も多くの消費者から支持される。それをみたA小売業は商品価格やサービス水準を高めようという行動をし，C小売業はそれらを低めようとする行動をする。すなわちA小売業とC小売業の商品価格やサービス水準がB小売業に近づくことになる。するとA小売業やC小売業を強く支持していた消費者が買い物する小売業がなくなることに気づいた別の小売業が，元あったA小売業やC小売業に近い商品価格やサービス水準として参入する機会が発生する。

(4) リーガンの仮説

リーガンの仮説は，リーガン（J.Regan）が提唱した仮説であり，小売業の発展を，提供される製品と小売サービスの組み合わせにより説明している。提供される製品は製品コスト，小売サービスはサービスコストが尺度として用いられる。リーガンは，小売業の発展段階を「単一結合型」，「複合結合型」，「全面結合型」の3つの段階に分けている。

① 単一結合型

消費者が選好する小売サービスは選択する製品品質に等しいと仮定される。すなわち，低コストの製品と低コストのサービスを提供する小売業，平

均的なコストの製品と平均的なコストのサービスを提供する小売業，高コストの製品と高コストのサービスを提供する小売業に明確に分けられる。

② 複合結合型

　消費者の可処分所得の増減に対応するために，平均的なコストの製品を提供する小売業が高コストのサービスを提供したり，逆に低コストのサービスを提供したりすることがある。さらに平均的なコストのサービスを提供する小売業が高コストの製品を提供したり，逆に低コストの製品を提供したりすることもある。

③ 全面結合型

　小売業が消費者に対して，製品とサービスのいかなる組み合わせをも提供できる状態をいう。

(5) 弁証法的仮説

弁証法的仮説は，既存小売業態を「正（Thesis）」，革新的小売業態を「反（Antithesis）」とし，これらが競争を通じて混合されることにより新たな小売業態「合（Synthesis）」が生み出されるという弁証法的アプローチによって小売業態革新が引き起こされることを説明している。さらに「合」が「正」となり，さらなる革新的小売業態「反」と競争することにより，新たな「合」が生み出されるという連続的なプロセスをたどる。

(6) 適応行動理論

適応行動理論は，ドリースマン（A.Dreesman）が提唱した理論であり，環境変化を重要視し小売業態が変化へ適応することの大切さを説き，それによる小売業態の多様性を示した理論である。生物はその時々の環境要因に最も適応できるものが生き残るというダーウィン（C.Darwin）の進化論を小売業態に適用したものである。適応行動理論では「収斂」，「異常発達」，「退化」，「同化」という生物学的アナロジーを使って説明している。

1-3 ┃ グローバルリテーラーの動向と課題

　日米構造問題協議の最終報告（1990年）以降，日本市場に参入する外資系

小売企業が増えたが，参入して間もなく撤退する企業もあった。小売業は地域密着が重要な業種であり，グローバルリテーラーといえど，本国と同様の標準型の店舗を進出先国に持ちこむだけでは経営がうまくいくとは限らない。実際にカルフール（フランス）やメトロ（ドイツ）などの世界有数のグローバルリテーラーとして知られる企業らは既に日本市場から撤退しており，ウォルマートも当初, 西友を完全子会社化していたが, 現在は西友ホールディングス株式の15％所有に後退している。

　品ぞろえが限られる専門店や飲食店は比較的成功しているといわれているが, セフォラ（フランス・化粧品）やブーツ（イギリス・ドラッグストア）のように, 世界的人気企業が日本に参入後, 数年で撤退する事例も枚挙にいとまがない。こうした事例からもわかる通り, 小売業においては, とくに「標準化」と「（現地）適応化」の最適な組み合わせを入念に考慮したうえでの出店, すなわち, ローカライズが重要になる。具体的には, 進出先国の消費者ニーズに適応した店舗形態や品揃え, 品質や価格などである。とりわけ, 日本市場への参入においては, 日本の伝統的な流通構造の理解や物流基盤の整備, 多頻度購買を前提とする消費者行動への対応がきわめて重要な課題である。

　さて, 以下では, グローバルリテーラーとして活躍する大型小売企業の形態についてみていく。

(1) ハイパーマーケット

　ハイパーマーケットは, フランスのカルフールが1963年に1号店を出店したのが始まりであり, 大規模総合ディスカウントストアである。

　フランスでの定義は, 売場面積2,500㎡以上で食料品を主体としつつ日用雑貨や衣料品そして住関連商品などの生活に必要な商品すべてをワンフロアで1つのレジでまとめて精算できる店舗形態である。現在では10,000㎡以上の売場面積が一般的となっている。

　日本では, 株式会社PLANT（福井県）が展開するPLANTがこれに該当するとされる。

(2) スーパーセンター

　スーパーセンターは，アメリカのウォルマート・ストアーズが1988年にその1号店を出店したのが始まりであり，食料品を中心とする大型スーパーマーケットに非食料品を中心とする大型ディスカウントストア（Discount Store：DS），そしてドラッグストアという小売業態を融合したような売場構成であり，それをワンフロアで展開している。一般的にハイパーマーケットより売場面積は広く取扱商品数も多いのが特徴である。ウォルマートが売上高世界1位の小売業となったのは，スーパーセンターを開発したことが要因だといわれている。

　日本では，株式会社トライアルカンパニー（福岡県）が展開するスーパーセンタートライアルがこれに該当するとされる。

(3) ホールセールクラブ

　ホールセールクラブは，年会費を支払った会員のみが買い物できる店舗形態である。建築コストの低い倉庫型店舗で取扱商品数も3,500〜4,000品目程度に絞り込まれ，1ケースや1カートンといった大容量単位で販売されるものが多い。店内での陳列は，パレットの上に載せられている。そして商品在庫もラックの2段目や3段目にパレット単位で積み上げられている。

　日本ではコストコ・ホールセールが展開するコストコが有名である。かつてダイエーがKou'sという店舗名で展開していたことがあった。

2　組織形態別小売業の運営特性

本節では，組織小売業の形態別特性とその動向，各小売組織形態の定義や特徴，その動向と課題についてみていく。

2-1 ┃ チェーンストアの概要

(1) チェーンストアの3要素

チェーンストア（Chain Store：CS）とは，一定の原則や基準にもとづいて多数の店舗をつなぎ合わせて規格化された経営システムにより１店舗では達成できないマス・マーチャンダイジングの実現と新規市場の開拓などとともに，消費者の生活向上に寄与する経営形態である。CSには，①規格化・標準化・単純化，②マス・マーチャンダイザー，③CSの産業化，の３つの要素が含まれている。

① 規格化・標準化・単純化

規格化とは，一定の基準にもとづいて店舗や商品などが整備されるという経営形態の規格化を意味する。標準化そして単純化とは，多数の店舗が同じ方法で継続的に運営されることを意味する。

② マス・マーチャンダイザー

マス・マーチャンダイザーとは，莫大な単位で商品を仕入れるパワーを持つ小売業者を意味する。

③ CSの産業化

CSの産業化とは，CSがマス・マーチャンダイジングを実現して消費者の生活向上に寄与することにより産業とよばれる地位につくことを意味する。国際チェーンストア協会では，「チェーンストアとは，単一資本で11以上の店舗を直接経営・管理する小売業または飲食店の形態である。」と定義している。この定義はCSの中のレギュラーチェーン（コーポレートチェーン）をさしている。ただ現実社会においては，ボランタリーチェーンやフランチャ

イズチェーンもチェーンストアと認識されている。

(2) チェーンオペレーションの特徴

　チェーンオペレーション（Chain Operation）とは，CS の全店舗の経営活動を標準化し，本部による徹底した中央集権管理にもとづいた多店舗展開を可能とすることである。CS には次のような特徴がある。

① 広域的，全国的またはグローバルな店舗展開により市場シェアの拡大をはかる。

② 多数の店舗を持つだけでなく，本部により各店舗が統一的に管理・運営されている。それによりサプライヤーに対する仕入交渉力が強まる。

③ 対象とする顧客層や顧客ニーズが同一であるため，CS の全店舗は基本的に品ぞろえや売場の構成そして店舗の管理システムまでが標準化され，マニュアル化されている。マニュアル化されることにより，全店舗で同じレベルの商品提供やサービスが提供される。

④ 本部が品ぞろえや価格決定，そして仕入・販売促進活動を中央集権的に担い，各店舗は販売・サービス提供機能のみを担っている。

(3) CS における組織・運営体制の特徴

　CS を運営していく中で重要な経営資源は「ヒト」，すなわち従業員である。たとえば，本部従業員は店舗開発や品ぞろえと販売促進活動を決定し，各店舗従業員は商品販売や接客をおこなうからである。

　アメリカの CS では次の 5 つの原則を遵守している。

① スペシャライゼーション

　CS は，従業員にすべての業務を割り振るのでなく，限定した業務を担当させることにより専門化（スペシャライゼーション）を追求している。この専門化により従業員は短期間で担当業務の専門知識を習得することができる。

② 責任と権限の原則

　CS は，従業員に対し販売目標や目標利益の確保，そして部下の指導や育成などに責任を持たせている。一方で業務内容を効率的・効果的に遂行させるために適切な権限委譲が求められる。

③ 命令系統の統一化

　CS本部の経営管理者は，命令系統の統一化を徹底し，従業員が共通した理解の下で効率的な業務運営をおこなえるようにする必要がある。その理由は命令系統が複数あり，それぞれから異なる指示命令がなされると，従業員はどの指示に従えばよいかわからなくなるからである。

④ 管理・調整範囲の確定

　管理・調整範囲の確定とは，管理者1人当たりの従業員数を一定数に制限することにより人時生産性（従業員1人が1時間当たりに稼ぐ粗利益額）を高めることを目標としている。その理由として1人の管理者が効率的・効果的に管理できる人数は平均して7～8人であるという管理範囲（スパン・オブ・コントロール）の原則があるからである。

⑤ 店舗運営責任の決定

　CSは，スペシャライゼーションを追求していることから，各業務領域に責任を持つ複数の管理者（マネジャー）を養成する必要がある。

(4) ローコストオペレーションの実際

　激しい競争に直面している今日において成長している小売業はローコストオペレーションを構築している点に特徴がある。日本では1990年代初めにバブル経済が崩壊して以降，そして2011年から人口減少が続いている中，小売業に求められるのは損益分岐点を低く抑えることにある。売上が増えない中において，コスト（経費）をいかに削減するかということだ。たとえば同じ売上高の企業があったとして，コストである売上高販売管理費比率が低ければ，より多くの利益を得ることができる。そしてより多くの利益を得ることができれば価格を引き下げることもでき，競争上優位にたつことができる。そして売上高販売管理費比率が低ければ，売上減少にも耐える企業体力があることになる。ローコストオペレーションを推進するためには，オペレーションコストを低く抑える必要がある。そのための1つの方法が，特定の地域に集中して出店するドミナント出店である。

　ローコストオペレーションを推進するためには，次の5つが重要となる。

① 標準化政策の徹底

　ローコストオペレーションを推進するには，店舗規模，店舗形態，品ぞろえの統一，発注方法やディスプレイの標準化が必要になる。

② 物流システムの構築

　効率的な商品仕入をおこなうには，そのCS独自の物流システムを構築する必要がある。物流システムを構築することにより，迅速に商品を各店舗に配送することができれば，店舗在庫を削減することができるだけでなく，品切れによる販売機会ロスも削減できる。さらに物流システムの構築により物流コストを削減できれば粗利益率を高めることができる。また商品価格を引き下げることもできる。効率的な物流システムを構築するためには自社物流がベストであるが，物流業者の方が専門家としてのノウハウを持っていることから第三者物流（アウトソーシング）も検討するとよい。

③ 商品回転率の向上

　小売業は売上拡大のために，取扱商品を増やそうとする。しかしながら取扱商品が増えると在庫管理が煩雑となるだけでなく，1商品当たりの販売数が減少するため商品回転率が下がってしまう。ローコストオペレーションを推進するためには商品回転率を向上させることが必要である。

④ 従業員の計画的な配置

　ローコストオペレーションの基本は，従業員を計画的に配置することにある。そのため，たとえば商品の補充作業の時間帯と回数を決めて計画的におこなう必要がある。また商品発注も決められた時間に効率的におこなう必要がある。

⑤ パートタイマーやアルバイトの活用

　小売業や飲食業そしてサービス業では，夕方以降や休日に来店する消費者が多い。そうした時間帯にパートタイマーやアルバイトを有効に活用することにより人件費を削減することができる。

(5) セントラルバイイング・システムの特徴

　CSの特徴は，各店舗の仕入を本部が一括しておこなうことにあり，これをセントラルバイイング・システム（本部集中仕入方式）という。

セントラルバイイング・システムのメリットには，①専門化による顧客ニーズへの対応，②販売促進活動の原動力，③コスト削減，④本部と店舗の二重構造の解消，⑤販売活動の強化がある。

セントラルバイイング・システムのデメリットには，①地域性を軽視した画一的なマーチャンダイジングになりやすい，②きめ細かなマーチャンダイジングを展開しくにい，③本部から遠距離店舗への商品情報サービスが不足する，といったことがある。

2-2 | レギュラーチェーン，ボランタリーチェーン，フランチャイズチェーン

チェーンストアにはレギュラーチェーン（Regular Chain：RC），ボランタリーチェーン（Voluntary Chain），フランチャイズチェーン（Franchise Chain：FC）の3つがある。

以下では，3つのタイプのチェーンストアについて，それぞれの運営形態の特徴についてみていく。

(1) レギュラーチェーン（RC）の運営特性

RCとは，1つの企業が多数の店舗を直接所有し，本部が各店舗を標準化したオペレーションにより集中的に管理する形態である。RCは，総合品ぞろえスーパーや食品スーパーマーケットだけでなく，家電や家具，衣料品などの専門店においても取り入れられている。RCは，本部と店舗が単一資本（1つの企業）の下で事業活動をおこなうことから，コーポレートチェーン（Corporate Chain：CC）ということもある。

RCの店舗は単一資本によって所有され統制されているため，新規出店の際の資金調達と事業リスクは自己責任となり，多店舗を出店するには長い時間が必要となる。後述するFCの場合には，新規出店は契約した加盟店がおこなうため出店費用や店舗従業員の募集や教育そして勤務シフトはすべて加盟店側が負担することになるのに対し，RCはそれらすべてを自社でしなければならないため負担が大きい。一方で，RCは単一資本であるため，本部の指示が各店舗までスムーズに伝わり統一した店舗運営をおこないやすいメ

リットがある。

　RC は大規模化することにより大量仕入が可能となり，メーカーに対する優位な交渉力（バイイングパワー）をつけることで成長を果たした。また，メーカーにプライベートブランド（Private Brand：PB）商品を生産してもらうことにより他の小売業との差別化を図っている。

　RC は，店舗を増大することによる規模の経済性を追求してきたが，標準化や画一化が店舗の立地する地域の顧客ニーズと乖離することが課題となっている。この課題に対処するため，一部の商品については地域特性に応じて各店舗が自由に仕入れることができる体制を採用するチェーンもある。

(2) ボランタリーチェーン（VC）の運営特性

　VC とは，独立した中小小売店が経営の独立性を維持したうえで，店舗運営の弱さをカバーするために共同して活動をおこなう連鎖化組織である。VC は，大手チェーンストアに対抗するために複数の中小小売店が商品の共同仕入や店舗運営ノウハウの強化をはかるものである。そうしたことから，自発的連鎖店または任意連鎖店と呼ばれることもある。

　VC には，従来から卸売業の取引先であった小売店を卸売業の下に共同化する卸主宰 VC と，独立した小売店同士が本部組織を立ち上げる小売主宰 VC がある。小売主宰 VC をコーペラティブチェーンということもある。

　代表的な VC として，地方スーパーマーケットが加盟しているシジシー（CGC）や，小規模な個人スーパーマーケットや食料品店が加盟している全日本食品などがある。

　VC の経営は，①共同の原則，②利益性の原則，③調整の原則，④地域社会への貢献の原則，にもとづいて運営されている。

　VC の組織的な特徴として次のものがある。

① 加盟店同士の横のつながり

　VC の契約はその組織に対する「参加」である。そのため同じ VC に加盟する独立した小売店同士はつながりを持ち，相互に助成しあう体制にある。

② 本部への権限付与

　VC の加盟店は組織の構成員であることから，本部の戦略決定に関与する

ことができる。しかし個別案件すべてについて話し合いをおこなうのは非効率的であることから，基本的に本部に権限移譲されている。

③ 本部利益の分配

　VC の本部は加盟店の意思決定代行機関的な性格を持っていることから，加盟店は本部利益の還元を受ける権利を持っている。

　VC の運営として，本部の機能と加盟店の義務についてみる。

　本部の果たすべき機能としては，①加盟店の仕入を集中管理すること，②加盟店を増やしてチェーン規模を拡大すること，③情報の集中管理と加盟店へのフィードバック，④加盟店の業績評価がある。

　加盟店の義務には，①売り方や品ぞろえなどの制約，②本部指示の遵守，がある。

(3) フランチャイズチェーン（FC）の運営特性

　FC とは，本部が開発したビジネスモデルに賛同した事業者が本部の下で共同して事業活動をおこなう組織である。そのため本部と加盟店は完全に独立した事業体である。FC はコンビニエンスストアやファストフードの飲食店において多く利用されている。FC において，本部はフランチャイザー（Franchiser）またはザー，加盟店はフランチャイジー（Franchisee）またはジーと呼ばれる。

　FC の組織的な特徴として次のものがある。

① 加盟店間に横のつながりがない

　本部と加盟店における契約は 1 対 1 でおこなわれるため，基本的に加盟店同士のつながりはない。

② 本部利益と加盟店利益は独立

　本部と加盟店の関係は契約によるものであるから，本部が大きな利益を得ても加盟店はその配分を受ける権利がない。

　フランチャイズとは，「特権」，「許可」，「販売権」を意味する言葉であり，本部から加盟店に与えられる特権には，次のようなものがある。

① フランチャイザーの商標，サービスマーク，チェーン名称を使用できる。

② フランチャイザーが開発した商品やサービスそして情報などの経営ノウ

ハウを活用できる。

③ フランチャイザーがフランチャイジーに対し継続的に指導や援助をおこなう。

これら3つがまとめて提供されることから，フランチャイズ・パッケージとよばれている。こうしたフランチャイズ・パッケージの提供を受けるフランチャイジーは本部に対しロイヤルティ（Royalty）を支払う。

フランチャイズ契約は独立した事業者同士が契約するものであり，両者の間にトラブルが発生しやすい。トラブルには，①販売予測や費用予測などと実績との差異，②加盟金返還の有無，③ロイヤルティの算出方法，④オープンアカウントなどの本部と加盟店間の債権・債務の相殺勘定，⑤テリトリー権設定の有無，⑥契約解除時の解約違約金の有無とその金額，などがある。

次に，本部と加盟店に生じるメリットとデメリットについてみていこう。本部のメリットには，①経営意欲に満ちた有能な人材を活用できる，②他人資本の活用により投下する自己資本を抑制しながら統一したチェーンイメージの下で急速に多店舗展開できる，③本部と加盟店は独立した事業者であるが，契約による取り決めによりブランドイメージの保持や統制によって加盟店を統制できる，④加盟店からのロイヤルティにより確実な収入を得ることができる，⑤多くの加盟店を持つことにより様々な情報を収集できる，⑥収益が加盟店に帰属するため加盟店の営業努力を誘引しやすい，⑦本部と加盟店が独立した事業者であることから，緊張関係を保持しやすくレギュラーチェーンよりも経営効率を図りやすい，などがある。

また，加盟店のメリットには，①誰もが知っているトレードマーク（商標・看板）を使えることにより集客しやすい，②販売する商品やサービスについて本部ノウハウを活用できる，③本部から様々な経営指導を受けられるため，効率的な事業活動をおこなえる，などがある。

他方で，本部のデメリットには，①本部と加盟店が別の事業者であることから，経営環境の変化に迅速に対応しにくい，②加盟店が本部からの経営指導などに頼り過ぎてしまい自助努力を引き出しにくい（フリーライド），③1つの加盟店の不祥事によりチェーン全体のイメージが損なわれることがある，④加盟店が本部から得たノウハウなどを他の事業に不正使用されること

などがある。

　また，加盟店のデメリットには，①本部からチェーン全体の統一性を要求されるため独自性を発揮しにくい，②本部の意向に反した経営をおこないにくい，③本部への継続的なロイヤルティの支払いにより加盟店の手取りが少なくなることが多い，などがある。

(4) VC と FC の共通点と相違点

　VC と FC には類似した面もあるが，その組織形態や店舗の運営方法には異なる点も多い。まず，共通点には，次のようなものがある。①どちらも規模の経済性を追求する営利組織である，②本部と資本的に独立した別資本の多数の小売店により連鎖組織が形成されている，などがある。

　相違点には，①組織構成の仕組みが異なる，② VC は加盟店同士の横のつながりを重視しているが，FC は基本的に加盟店同士の横のつながりがない，③ VC 本部は基本的に同業小売店の意思により結成された自発的組織であるため加盟店は本部利益からの戦略的投資による持続的な利益還元を受けることができるが，FC は契約の範囲内でしか本部利益からの還元を受けることができない，などがある。

3 店舗形態別小売業の運営特性

本節では，業種店と専門店の違いと運営特性，そして主要な小売業態の運営特性についてみていく。

3-1 専業（業種）店と専門（業態）店

業種（Kind of Business）とは「何を売るか」によって小売業を分類するものであり，業態（Type of Operation）とは「どのような売り方をするか」によって小売業を分類する概念である。すなわち業態はストアコンセプトを明確化しているといえる。

鮮魚店，精肉店，書店，酒販店などが代表的な業種店である。これらは，魚屋，肉屋，本屋，酒屋，というように◎◎屋と呼び代えることもできる。

スーパーマーケット，コンビニエンスストア，ドラッグストア，ホームセンターなどが代表的な業態店である。ただ一般的に業態といわれる上記のものは店舗形態（Store Formats）をあらわしているといえる。

3-2 専門店の運営特性

専門店とは，ターゲットとする顧客層を明確化し特定の専門領域に特化した品ぞろえを基軸に，販売やサービスの機能提供において高い水準の専門性を発揮する店舗をいう。

専門店は品ぞろえの観点から，品種別専門化，用途別専門化，顧客層別専門化などに分類される。

専門店は対面販売方式を主体とするが，セルフサービス方式を採用する場合にも販売員が顧客の立場にたってアドバイスしたり，顧客からの質問に的確に答えながら接客販売したりするというコンサルティングセールスをおこなう能力が求められる。

専門店は自店のコンセプトを視覚を通じて顧客に訴求できるような陳列や演出などのビジュアルマーチャンダイジングが売場に求められる。

専門店は，自社（自店）の専門性が何かを訴求するとともに，ストアロイヤルティ（Store Loyalty）を高めることが必要である。その手段の1つが商品の企画から販売までを自社で手掛けるSPA（Specialty Store Retailer of Private Label Apparel：製造小売業）という業態である。

SPAの商品政策は大きく①ライフスタイルアソートメント型，②リミテッド＆デプス型に分類できる。ライフスタイルアソートメント型は，取扱商品の品種を限定することなく，ターゲットとする顧客層のライフスタイル特性に合わせて商品構成を標準化している。そのため品種数は多くなるが，品種ごとの色やサイズなどのSKU（Stock Keeping Unit：絶対単品）を絞り込んでいる。一方，リミテッド＆デプス型は取扱商品の品種を限定し，品種ごとの色やサイズなどを拡大している。すなわち品ぞろえの奥行を広げているため，SKUは拡大される。

3-3 | 百貨店の運営特性

(1) 百貨店の概要

百貨店とは，同一資本の運営管理のもとで，衣食住健美遊などの商品分野を中心に様々な高価格商品を総合的に取り扱い，部門別組織を基とした豪華な売場を店舗内に展開し，対面販売方式によるホスピタリティと各種サービスの提供によって，顧客ベネフィットを追求する大規模な小売店舗である。

日本では，伊勢丹，大丸，高島屋，松坂屋，三越といった呉服店から転換した百貨店がある。また電鉄会社がターミナル駅に日用品を中心とした品ぞろえをおこなう百貨店として，関東では小田急百貨店，京王百貨店，西武百貨店，東武百貨店，東海では名鉄百貨店，関西では阪神百貨店，阪急百貨店，などがある。

日本の百貨店はバブル経済が崩壊して以降，他の小売業態とは価格面の競争に勝てないこと，そして専門店とは品ぞろえの奥行で劣ることから厳しい状況にある。

(2) 百貨店の店舗・立地の特徴

　百貨店の立地は大都市の駅前や中心市街地，地方百貨店はその都市の中心市街地，電鉄系百貨店はターミナル駅に立地することが多く，集客しやすい環境にあった。しかし，そのような立地は限られており周辺の再開発がなければ新規出店は難しい。そこで郊外に出店したこともあったが，そうした立地では顧客層が百貨店より総合品ぞろえスーパーの品ぞろえを求めることが多いため苦戦し撤退することが多い。

　同じ地域に複数の百貨店がある場合，集客力を高めるために売場を拡大し地域一番店を目指す百貨店が多い。なぜなら地域一番店であれば，サプライヤーから優先的に商品を入れてもらえるからである。とくに地方では消費不況の中，地域一番店以外は売上確保が難しく，それ以外は撤退するケースが増えている。

(3) 百貨店の商品政策

　百貨店の売場に品ぞろえされている商品数は膨大であり，東京の旗艦店では100万点を超えるといわれている。百貨店の取扱商品は高価格なものが多いため，そうした商品すべてを百貨店が買い取りで仕入れると売れ残りリスクが高い。それ以前に商品仕入代金の支払いも膨大になる。そのため百貨店は買取仕入だけでなく，売れ残った商品を返品できる委託仕入，商品が売れてから仕入れたことにする消化仕入（売上仕入）という仕入形態も採用している。買取仕入商品は百貨店の自社社員により売場管理や販売がおこなわれる。委託仕入商品の多くはサプライヤー（納入業者）からの派遣店員が百貨店の売場で販売をおこなうが，商品管理は百貨店側が責任を負う（商品紛失や売り物にならなくなった商品）。消化仕入商品は販売も商品管理も派遣店員がおこなうため百貨店側がリスクを負うことはない。

　百貨店は高価格商品を中心に取り扱っていて，商品回転率も低いことから，粗利益率が高いと思われているが，委託仕入や消化仕入を採用していることから総合品ぞろえスーパーやSMよりも粗利益率が低い。粗利益率が低いとコロナ禍などで売上が減少すると赤字になりやすい。バブル経済崩壊以降，

百貨店売上高が低迷する中，粗利益を高くする試みとして自主マーチャンダイジング（Merchandising：MD）への取組みがおこなわれている。自主マーチャンダイジングは基本的に買取仕入が前提となるため，在庫リスクや販売リスクは百貨店側が負うことになるが，その一方で粗利益率を高めることができる。しかし，当初の見込み通りの販売ができないと値下げ，そして廃棄という損失が発生すること，百貨店は長期間，委託仕入や消化仕入によりサプライヤーに売場を任せていて，そうした能力を蓄積してこなかったことから自主 MD は必ずしも成功していない。

　また，サプライヤーごとのブランドの枠にとらわれることなく，百貨店自らがアソートメントした商品で売場を編集する自主編集売場もある。こうした売場を担当するのは若手社員が多く，導入当初は話題となるが長続きしないことが問題である。

　日本百貨店協会によると，2021 年暦年の商品部門別売上構成比で 1 位は食料品（30.9%），2 位が衣料品（26.4%），3 位が化粧品などの雑貨（19.4%），4 位が身のまわり品（13.7%），でありこの 4 部門で約 9 割（90.4%）を占めている。消費不況の中，百貨店の売上を下支えしているのが地下食料品売場，通称「デパ地下」である。

　百貨店と他の小売業態と大きく違う点の 1 つが「外商」である。「外商」はその漢字の通りで百貨店の店内で販売するのでなく，顧客のもとに出向いて販売する形態である。「外商」には**法人外商**と**個人外商**の 2 つがある。法人外商は企業のイベントでの粗品，お中元やお歳暮として活用されることが多い。個人外商は古くからその百貨店で多く買い物をしてくれる顧客の自宅を訪ねて販売するものである。

　百貨店はデパートメントストア（Department Store）と呼ぶことがあるが，それは百貨店が Department（部門），すなわち商品部門ごとに商品管理をおこなっていることに由来している。多数の商品分野を取り扱うことからこそ，部門ごとに管理しないと売上と利益の関係（利益がでているか）が正確に把握できないからである。

3-4 ｜ 総合品ぞろえスーパーの運営特性

(1) 総合品ぞろえスーパーの概要

　総合品ぞろえスーパー（Super Store）とは，食料品や日用品といった実用的な商品を幅広く総合的に品ぞろえし，ワンストップショッピングを提供するセルフサービス販売方式の店舗形態である。一般的には総合スーパーと呼ばれている。アメリカでは GMS（General Merchandise Store）と呼ばれている。ただアメリカの GMS の食料品は加工食品が中心であり，日本のように生鮮食品を取扱うものは少ない。アメリカの GMS との違いを明確化するためスーパーストアと呼ぶこともある。総合品ぞろえスーパーの特徴は，その名前通り「商品（品ぞろえ）の総合化」という点にある。

　日本ではイオンリテールが展開する「イオン」，イトーヨーカ堂が展開する「イトーヨーカドー」などがある。

(2) 総合品ぞろえスーパーの運営の特徴

　総合品ぞろえスーパーは，標準化された大型店舗を多数展開し，本部が集中管理するというチェーンオペレーションにより効率化がはかられてきた。チェーンストアと同様に，本部が経営方針や経営戦略を立案し，商品計画や仕入計画，そして販売促進計画を練るとともに施設管理や経理，人事管理などの機能を集中的に担い，各店舗は売場を運営し，販売するという機能に限定する分業体制により運営されている。

　ただ実際は，可能な限り大きな売場をつくることで他の小売店との競争を有利に展開したいとの思惑から売場の標準化は図られていない。

　総合品ぞろえスーパーは，「商品の総合化」をおこなっていることから，マス・マーチャンダイジング，すなわち大衆消費者を対象に日常商品を効率よく大量に低価格で販売し続けることを基本としている。

(3) 物流センターの設置

　本部で集中仕入される商品を各店舗に納品する機能として自社専用の物流セ

ンターを設置し，サプライヤーから各店舗までのロジスティクスの効率化をはかっている。この物流センターは自社もしくは子会社が直接運営するタイプ，代表的なサプライヤーに委託するタイプ，第三者へ委託するタイプなどがある。

(4) 法的規制

　総合品ぞろえスーパーは，高度経済成長初期に誕生し全国の地方主要都市の駅前商店街などを中心に出店した。これにより総合品ぞろえスーパーに顧客を奪われた商店街の中小小売店が出店反対運動を展開することとなった。そこで総合品ぞろえスーパーなどの大規模小売店舗の出店を調整する法律である大規模小売店舗法が 1973 年に制定され，翌 74 年に施行された。

(5) ショッピングセンター化

　駅前商店街の空き地はそれほど多くなく，そうした場所への出店が大規模小売店舗法により難しくなった総合品ぞろえスーパーはその出店場所を郊外へ転換していった。これはモータリゼーションの進展にも対応するものであり，買い物した商品を自家用車で持ち帰ってもらうために大規模な駐車場を備えるのに適した立地でもあった。さらに郊外は大規模な土地が残っているため総合品ぞろえスーパー単独で出店するのでなく，その周囲に専門店を配置する形での共同出店スタイルが一般的となった。これがショッピングセンターである。それにより消費者はますますワンストップショッピングの利便性を享受できるようになった。

　総合品ぞろえスーパー企業はショッピングセンターに出店する専門店を子会社として育成したが，それだけではテナントが埋まらないことから外部の専門店の出店に頼った。また，その地域の人気商店にテナントして出店してもらうこともおこなった。こうした中で，総合品ぞろえスーパー企業はショッピングセンターのデベロッパー（Developer）的役割を果たすこととなった。

(6) ネットスーパーの展開

　総合品ぞろえスーパーは，超高齢化社会への対応と商圏内における自店の顧客シェア拡大を目指してネットスーパー事業を展開することが多い。ネッ

トスーパー専用の物流センターを建設すると大きな投資が必要となるため，導入初期は既存店舗の設備と従業員を使うことでイニシャルコストを抑えたタイプのネットスーパーを展開することが多い。ネットスーパー事業が軌道にのればネットスーパー専用の物流センターを設置して効率化をはかるタイプに移行することもある。前者を「店舗型」ネットスーパーといい，後者を「倉庫型」ネットスーパーという。

COLUMN 1：電子商取引とキャッシュレス社会

インターネットの普及・発展に伴い，電子商取引（Electronic Commerce：EC）市場が拡大している。EC は，時間や場所の制約を受けることなく，いつでも買い物できることから消費者にとって便利なだけでなく，販売する企業側にも便利である。そして EC はインターネット上で取引がおこなわれるため現金精算はなじまず，クレジットカードや電子マネーそしてスマートフォンアプリで決済されることが多い。すなわち EC とキャッシュレス社会は双方を推進させる役割を持っている。

EC は，売り手と買い手の組み合わせ方により 3 つに分類できる。

① 企業間電子商取引（Business to Business：B to B）
② 企業と消費者間電子商取引（Business to Consumer：B to C）
③ 消費者間電子商取引（Consumer to Consumer：C to C）

近年，スマートフォンの普及により，いつでもどこでもインターネットに接続できる環境が整い，B to C と C to C 市場が拡大している。EC は有形財の取引だけでなく，無形財であるデジタルコンテンツ（音楽配信・動画配信）も含まれる。さらに飲食店の予約サイトも含まれる。

キャッシュレス決済のメリットには，① 会計処理が楽になる，② 現金管理の手間が省ける，③ 客数・客単価の向上が期待できる，などがある。

しかし，近年，日本のキャッシュレス比率は伸びつつあるものの，諸外国と比較するとまだまだ進展しているとは言い難い状況にある。経済産業省が取りまとめたデータによれば，2021 年のキャッシュレス比率は日本が32.5％ に対して，2018 年の統計で韓国（94.7％），中国（77.3％），カナダ（62.0％），イギリス（57.0％），アメリカ（47.0％）と大きく差が広げられている。日本政府は 2025 年までに 40％，将来的には 80％への到達目標を掲げてキャッシュレス化を推進している。

3-5 スーパーマーケットの運営特性

(1) スーパーマーケットの概要

　日本でスーパーマーケット（Super Market：SM）は 1950 年代に導入され，それまで一部の百貨店と大多数の中小小売店という両極端な小売構造を変化させる店舗形態として，さらに生産者から卸売業を通じて小売業へと商品が流れる流通経路を効率化させる「流通革命」の担い手として期待された。

(2) スーパーマーケットの定義

　SM は，経済産業省『経済センサス』では「専門スーパー」に分類されている。「専門スーパー」の中で食料品の取扱構成比が 70％を超えるものが，「食料品スーパー」であり，私たち消費者は「食料品スーパー」を SM と呼んでいる。

　社団法人日本セルフ・サービス協会（現，一般社団法人全国スーパーマーケット協会）が 1958 年に設立され，「スーパーマーケットとは，セルフサービス販売方式の総合食料品店である」と定義付けた。

(3) スーパーマーケットの運営の特徴と商品政策

　SM の多くはチェーンストア方式を採用しているため，本部によるセントラルバイイング（集中仕入）をおこなっている。

　SM の特徴は，食料品の総合的な品ぞろえにある。毎日の食事の調理素材としての生鮮三品（青果（野菜と果物）・精肉・鮮魚）と即食性の高い総菜，そして加工食品を主体として品ぞろえしている。近年，総菜に力を入れる SM が多いため，従来の生鮮三品に総菜を加えて「生鮮四品」ということもある。高齢者世帯や共働き世帯，そして単身世帯の増加に伴い，家庭内で生鮮食品を調理する機会が少なくなってきている。これに対応するミールソリューション（食事における問題解決）として，総菜や簡易調理キットの品ぞろえを拡大している。

　SM で取扱う商品は基本的に同じであることから，価格競争となりやすい。近年はコンビニエンスストアやドラッグストアも SM が取扱う商品の品

ぞろえを拡充していることも影響している。そこでSM各社はNB（National Brand）商品よりも低価格で販売でき，さらに粗利益率が高いPB商品に力を入れている。

(4) 食の安全

SMは食料品の総合的な品ぞろえをおこなうことから，食の安全が求められる。BSE問題や食品表示偽装などを防ぐためトレーサビリティを導入している。また遠くの産地から仕入れると輸送費だけでなく輸送に伴う環境汚染にもつながるため，地元で生産された商品を地元で消費するという地産地消にも取り組んでいる。これは地域産業支援にもなる。

3-6 ┃ ホームセンターの運営特性

(1) ホームセンターの概要

ホームセンター（Home Center：HC）は，日用雑貨や住宅設備に関する商品やサービスを主体に提供するセルフサービスの店舗形態をいう。商品構成上HCの商品回転率は低く，売場面積当たりの売上高も低いため，損益分岐点の低い店舗運営が必要となる。

(2) ホームセンターの運営の特徴

HCの運営形態は，DIY型HCとバラエティ型HCに分類できる。

DIY型HCとは，HCの特徴である日用大工用品を中心とした品ぞろえのHCである。DIYはDo It Yourselfの略で「よりよい住まいと暮らしを自分たちでつくろう」という姿勢や行動をあらわす言葉である。DIY型HCは，たとえば「ネジ」だけでも何十種類も取りそろえているのが特徴であり，顧客が普段使わないような商品も取り扱うため，対面販売とセルフサービス販売の中間的なセミ・セルフサービス方式が取り入れられている。さらに工務店で働く人たちが，その日に必要な資材を当日朝に購入できるように「資材館」のような形で早朝から営業している店舗もある。このタイプは多種多様な品ぞろえが求められることから広い売場面積が必要となり，売場面積1万

㎡を超えるような「スーパーホームセンター」と呼ばれる店舗も増えている。工務店で働く人たち向けの店舗では，掛売りの仕組みとしての会員制やカードビジネスも取り入れられている。また個人消費者向けとしてリフォーム事業に取り組む HC も増えている。

バラエティ型 HC とは，顧客の来店頻度を高めるために購買頻度の高い消耗品などを多く取りそろえているタイプの HC である。このタイプの HC は，一般的なチェーンストアと同様にマス・マーチャンダイジングや店舗と売場の標準化をおこなっている。

この 2 つ以外に，農家向けの農薬や肥料，そして農業資材を中心とした品ぞろえをする HC もある。顧客の来店頻度をさらに高めるため，食料品部門を加えた「スーパーセンター」と呼ばれるタイプも登場している。

3-7 ┃ ドラッグストアの運営特性

(1) ドラッグストアの概要

ドラッグストア（Drug Store：DgS）とは，一般用医薬品を主体として健康と美容（Health & Beauty Care：H&BC）に関する商品を取扱い，日用雑貨や食料品などの生活必需品も品ぞろえするセルフサービス販売方式の店舗形態である。病院で医師から処方される処方箋調剤を取扱うことができるのは，薬剤師のいる店舗だけである。日本チェーンドラッグストア協会では，「ドラッグストアとは，健康と美容に関する提案と訴求を主とし，医薬品と化粧品を中心に，日用家庭用品，文房具，フィルム等の日用雑貨，食品を取り扱う店」としている。H&BC を訴求する DgS の主要な顧客層は女性であり，明るい店内の店舗が多い。

(2) ドラッグストア業界の現状と課題

近年 DgS の多くは，顧客の来店頻度の向上や集客力を高めるために，競争の激しい飲食料の取扱い拡大を進めてきた。それにより売上増加につながったものの，総合品ぞろえスーパーや SM，コンビニエンスストアなどとの異業態間競争も起きている。DgS における飲食料品の取扱いは当初賞味期

限の長い加工食品やお菓子，清涼飲料が主体であったが，最近は生鮮食品や日配食品も品ぞろえするようになってきている。購買頻度の高い飲食料品の品ぞろえを増やすことにより，総合品ぞろえスーパーやSMと同じように，顧客のワンストップショッピング・ニーズに対応する業態へと転換している。DgSの強みは，粗利益率の高い一般用医薬品や化粧品，健康食品の売上構成比が高いため，飲食料品を低価格で販売できるメリットがある。すなわち，総合品ぞろえスーパーやSMと同様に新聞折込チラシよる日替特売で集客し，粗利益率の高い商品も一緒に購入してもらう戦略である。

　DgSは成長している業態であるが，それだけに競争も激しく，市場シェアを高めるためには新規出店だけでは時間がかかるため，M&A（Mergers & Acquisitions：企業合併・買収）も活発におこなわれている。M&Aまで至らなくても，提携によるグループ化も進展している。

(3) ドラッグストアの運営の特徴

　DgSと他業態の最大の違いは，医薬品取扱いの有無である。この医薬品取扱いを規定しているのが，医薬品医療機器等法である。同法では，一般医薬品をその副作用リスクなどに応じて，第一類医薬品，第二類医薬品，第三類医薬品の3つに分類している。この3つの中で比較的副作用リスクの少ない第二類医薬品と第三類医薬品については，薬剤師でなく登録販売者による販売が認められている。これによりDgSの大量出店が可能となった。それ以前は1人の薬剤師が複数の店舗を担当することで販売していたが，それでは顧客が医薬品を購入に来た時に適切な相談ができない問題があった。これを解消するために登録販売者制度が設けられた。

　近年の医薬分業により，DgSが店内に調剤施設を設置して処方箋調剤をおこなう店舗も増えてきている。こうした店舗では，調剤施設で医薬品調合している間にDgS内で買い物してもらうことを狙っている。

　日本は少子高齢化に伴い，国民医療費が毎年平均1兆円程度増加している。医療費を抑制するためにセルフメディケーションの推進が図られており，それに最も適応できる業態がDgSである。さらにH&BCを訴求しているDgSはサプリメントなどの機能性食品を販売するのにも適した業態である。

3-8 ┃ コンビニエンスストアの運営特性

(1) コンビニエンスストアの概要

　コンビニエンスストア（Convenience Store：CVS）とは，30坪（100㎡）程度
の売場面積で日常生活に必要な商品3,000アイテムを長時間営業で販売する
店舗形態をいう。

(2) コンビニエンスストアの運営の特徴

　CVSチェーンの多くはフランチャイズシステムを導入しており，そこで
は本部の経営ノウハウをパッケージとしてまとめ，店舗や商品構成，サービ
ス，店舗オペレーションなどを標準化した。これが可能となったのは，CVS
の店舗面積が小さいという条件があったことに関連している。

　CVSは，本部と加盟店の経営主体が別であることから本部の経営方針が
そのまま加盟店で実行されるとは限らない。さらに他業態と比較して小さな
売場面積であることから，効率的な店舗運営と品切れをおこさない商品発注
が求められる。そうした中で導入されたのが，POS（Point of Sales：販売時点
情報管理）システムとEOS（Electronic Ordering System：電子発注システム）で
ある。これにより売れ筋商品と死に筋商品を正確に把握できるようになっ
た。また売場面積が小さいことから多頻度小口納品や時間指定納品が必要と
なり，これが他の小売業態を含めた流通革新につながった。

(3) コンビニエンスストアの店舗・立地の特徴

　CVSは，フランチャイズシステムを導入することによりレギュラーチェー
ンより少ない経営資源で新規出店をおこなうことができた。

　CVSの立地は当初酒販店などの既存小売店からの転換を対象としていた
ことから，駅前の商店街などの立地が主流であった。今日では郊外のロード
サイド，駅ビル・駅ナカ，オフィスビル，大学・病院内など多様化している。
こうした立地の多様化は，店前を通行する流動客の吸引を狙いとしている。
ガソリンスタンド併設型はかなり前からあったが，最近はコインランドリー

やフィットネスクラブ，道の駅売店との併設型もある。さらに DgS や弁当店との併設型など多種多様である。こうした立地への出店では，より小さな売場面積であったり，逆に大きな売場面積での出店もある。

(4) コンビニエンスストアの商品政策

　CVS は売場面積が小さい割に取扱商品数が多いという特徴がある。そこで単品管理をおこない死に筋商品の迅速な把握につとめている。CVS の商品は1年間で3分の2が入れ替わるといわれているほど，頻繁に改廃がおこなわれている。

　CVS の商品構成は，飲食料品やお弁当・おにぎり・サンドイッチ・総菜など即食性の高いファストフードが主体である。こうしたファストフードはオリジナル商品が開発されている。さらに加工食品においても PB 商品の導入が進んでいる。

　また，主婦や高齢者の集客を狙い生鮮三品を導入する CVS が増えている。

COLUMN 2：買い物スタイルの変化

　EC の発展に伴い，消費者の買い物スタイルが変化してきている。EC の最大の弱点は現物商品を確認できない点にある。消費者はこの弱点を補うためにリアルショップでショールーミングをおこなうことがある。ショールーミングとは，リアルショップで商品を見たり触れたり従業員から説明を受けたうえで，購入は EC，すなわちネット通販でおこなう現象をいう。これはリアル店舗がネット通販の代わりに接客や商品説明をおこなっていることを示し，ネット通販からすると接客などをフリーライドさせてもらっていることになる。消費者はリアル店舗であれネット通販であれ，同じ商品を購入することに変わりないが，販売する側にすると，自店で購入してくれかどうかが重要である。こうした買い物スタイルに対応するために，オンラインとオフラインを連携させるマーケティングとしての O2O（Online to Offline）がおこなわれるようになっている。

　現在は商店があらゆるチャネルを利用して顧客とつながるチャネルとしてのオムニチャネルの取組みが進んでいる。オムニチャネルは商店が単に複数のチャネルを用意するだけでなく，顧客情報や商品在庫情報，そしてポイントデータなどを統合し，顧客がどのチャネルで購入しても不便を感じさせないようにしなければならない。

3-9 | スーパーセンターの運営特性

(1) スーパーセンターの店舗・立地の特徴

アメリカにおけるスーパーセンターの立地は，ルーラル（田舎圏・町村部圏）立地が基本である。店舗は平屋のワンフロア構造で，内外装の装飾を最小限に抑えたノーフリル型店舗である。ワンフロア構造であれば，建設コストを削減できるとともに，商品の縦持ち（上層階への移動）も必要なく，従業員の作業動線の効率化によりオペレーションコスト削減にもつながっている。

(2) スーパーセンターの商品政策

スーパーセンターは EDLP（Everyday Low Price：毎日低価格）を基本とし，日本の総合品ぞろえスーパーやスーパーマーケットのような日替特売をおこなわないため，商品の売れ行きは一定である。そのことは品出し（商品補充）作業も効率化させている。また，1商品当たりの陳列数（フェイス数）が多く，それも品出し作業を効率化させている。そして取扱商品の価格帯は比較的低いプライスラインが中心である。

3-10 | 生協の運営特性

(1) 生協の概要

生協（消費生活協同組合）とは，消費生活協同組合法にもとづき，消費者が購買組織をつくり共同で商品の購入などをおこなう組合をいう。CO・OP とよばれている。

生協の事業には，①物資の購買事業，②利用事業，③生活文化事業，④共済事業，⑤教育事業，などがある。

生協には，地域単位で組織される「地域生協」と大学生協やトヨタ生協のように職域単位で組織される「職域生協」，そして「医療福祉生協」などがある。購買生協の店舗事業はチェーンストアオペレーションを志向しているが，員外利用禁止などの制限により多店舗政策は実現できていない。

(2) 生協の運営の特徴

　生協は，原則として組合員自身が「出資」,「利用」,「運営」のすべてをおこなう点にあり，これを「三位一体の組織」という。この三位一体により，組合員は利用する権利を得ると同時に出資する義務と運営に参加する責任もある。また，利用するには組合員となることが必要であり，それには出資が必要なため，組合員と同一世帯に属する者以外の利用（員外利用）は原則禁止されている。

　生協への加入と脱退は原則自由であり，加入手続きをおこなえばすぐに組合員になることができ，利用できる。組合員となるには加入手続きの際に出資金を支払う必要があるが，脱退するときには返却される。最低額を満たせば出資金の額は自由であるが，出資金が多くても議決権の１人１票の原則は変わらない。変わるのは利益が出たときの配当が出資金の額により差が生ずるだけである。

(3) 共同購入と個配

　日本で生協が発展した理由の１つが共同購入である。共同購入とは，近所に住む組合員が数世帯で１つの班をつくり，生協からまとめて商品を購入し配達してもらう仕組みである。これにより近くに生協の店舗がない者も組合員となり生協を利用することができる。しかしながら近年は働く主婦の増加やご近所付き合いの疎遠などにより共同購入は減少している。

　それに代わるものが個配（個人宅配）である。これは組合員個々の自宅まで週１回生協から商品が配達されるものである。近年は個配が共同購入を上回るようになってきている。組合員のもとまで配達すると効率が悪いと思われがちだが，生協に限らず店舗運営には多くの固定費がかかることから，固定費の少ない共同購入や個配の方が利益を得やすい。

　生協法の改正により隣接する都道府県の生協の合併が認められたことで，合併も進展している。

3-11 | ディスカウントストア，100円ショップ，アウトレットストア

その他，3つの小売業態についてみていこう。

ディスカウントストア（Discount Store：DS）とは，衣料品や生活用品そして家電などの耐久消費財まで品ぞろえのフルライン化と低コストの店舗運営により，継続的に低価格で販売する店舗形態である。DSは，アメリカでも日本でも誕生当初は取扱商品を一部のカテゴリーに絞る店舗が多かった。それは仕入や取扱いに必要な商品知識が異なるからであった。そして売上や店舗面積が増えてくるにつれて商品カテゴリーも増やしていった。

100円ショップとは，ディスカウントストアの一形態であり，取扱商品の多くを100円（消費税別）で販売する店舗形態である。100円ショップは，アメリカのダラーショップ（1ドルショップ）が起源である。近年は100円より高い価格帯の商品を販売する100円ショップもある。

アウトレットストアとは，ブランド商品の売れ残りやシーズン遅れそして製造過程や流通過程において傷ついた商品を低価格で販売する店舗形態である。正規料金で販売する店舗の売上に影響を及ばさないよう，僻地に立地することが多い。最近は複数のアウトレットストアを1箇所に集めたアウトレットモールというショッピングセンターが増えている。

COLUMN 3：商業集積

　商業集積とは，一定の地域または地域に小売業やサービス業そして飲食業などが密集している状態をいう。商業集積には商店街とショッピングセンターの2つの種類がある。

　商店街とは，駅前や繁華街，街道沿いまたは神社仏閣などの人が集まる場所に商店が集まることにより自然発生的に誕生した商業集積をいう。近年，商店街を構成している商店店主の高齢化により廃業が進み，個別商店の品ぞろえの不足を他商店が補完するという関係性が成り立たなくなったことにより商店街全体の衰退が進んでいる。

　商店街は商圏規模により，① 近隣型商店街，② 地域型商店街，③ 広域型商店街，④ 超広域型商店街，の4つに分類できる。さらに立地場所により，① 都市中心部型商店街，② 住宅地型商店街，③ 門前型商店街，④ 観光地型商店街，⑤ ロードサイド型商店街，の5つに分類できる。

　ショッピングセンター（Shopping Center：SC）とは，1つの単位として計画，開発，所有，管理運営される商業・サービス施設の集合体で，駐車場を備えるものをいう。その立地，規模，構成に応じて，選択の多様性，利便性，快適性，娯楽性等を提供するなど，生活者ニーズに応えるコミュニティ施設として都市機能の一翼を担うものである（一般社団法人日本ショッピングセンター協会の定義）。

　アメリカでは商圏規模により，① ネイバーフッド型SC，② コミュニティ型SC，③ リージョナル型SC，④ スーパーリージョナル型SC，の4つに分類されていた時があった。

　日本固有のショッピングセンターには，① 駅ビル型SC，② 地下街型SC，③ ファッションビル型SC，などがある。さらに特別なタイプとして，① アウトレットモール，② エンターテインメイントセンターと呼ばれるものがある。

【参考文献】
日本商工会議所・全国商工会連合会編『販売士2級ハンドブック（上巻）』カリアック

練 習 問 題

第1問
次の**ア**～**オ**は，小売業態の変化に関する理論仮説について述べている。正しいものには1を，誤っているものには2をつけなさい。

ア　小売の輪の理論は，革新的な小売業の形態は高マージン・大量廉価販売から，低マージン・高サービス販売へと循環を繰り返すというものサイクル理論とも呼ばれる。

イ　リーガンの仮説では，小売業の発展について，提供する製品と小売サービスの組み合わせで説明し，その発展段階を単一結合型の段階，複合結合型の段階，全面結合型の段階に区分している。

ウ　アコーディオン理論は，商品構成の総合化と専門化へのくり返しという品ぞろえ面に視点を当てた理論仮説である。

エ　弁証法的仮説は，収斂，異常発達，退化，同化といった生物学的アナロジーを用いて小売業態の変化を説明する理論仮説である。

オ　真空地帯理論は，小売業の発展や市場の変化に伴い，既存の小売業態ではカバーできない「真空地帯」が生まれ，そこを埋める形で新たな小売業態が出現するという理論仮説である。

第2問
次の**ア**～**オ**は，レギュラーチェーン（RC）のオペレーションについて述べている。正しいものには1を，誤っているものには2をつけなさい。

ア　RCの出店では，資金調達と事業リスクは連帯責任であるため，他のチェーン形態よりも多店舗化に時間はかからない。

イ　RCの本部は，マーチャンダイジング，出店，物流，人事，財務などの全社的業務を遂行する。

ウ　RCの店舗は，複数資本によって所有，統制されている。

エ　RCは，通常，20店舗以上が，中央本部の規制の下に規格化された経営原則にもとづき運営される。

オ　RCの店舗の改廃は，本部の意思決定によるため，各店舗の存続は，一般に本部の戦略によって決定される。

第3問 次の**ア**〜**オ**は，フランチャイズチェーン（FC）の運営について述べている。正しいものには1を，誤っているものには2をつけなさい。

ア FCは，自発的連鎖店または任意連鎖店などとも呼ばれている。

イ FCでは，独自のシステムやノウハウ，商標など，事業を運営する方法をフランチャイザーがフランチャイジーに提供する。

ウ フランチャイズという言葉は，「特権」とか「販売権」という意味を持つ。

エ オープンアカウントとは，フランチャイザーとフランチャイジー間で発生する様々な金銭債権債務について，それを相殺する勘定を設定し，会計処理をフランチャイジーがおこなう仕組みである。

オ FCは，他人資本を活用することにより，レギュラーチェーンよりも出店コストを抑制しながらチェーン展開できる。

第4問 次の**ア**〜**オ**は，ボランタリーチェーン（VC）について述べている。正しいものには1を，誤っているものには2をつけなさい。

ア VCは，複数の中小小売業などが店舗の独立形態を維持した状態で自発的に集まり，小売機能の一部を共同，もしくは協業化するチェーンストア形態を運営する組織形態である。

イ VCの本部と加盟店は同一資本の下で経営がおこわれている。

ウ FCは地区別集会など加盟店同士の横のつながりがあるのに対し，VCには基本的に横のつながりはない。

エ VCでは，本部が加盟店による独自の仕入や店舗運営を尊重している。

オ VCの加盟店は契約パッケージの範囲内でしか本部からメリットを受けることはできない。

| 第5問 | 次の**ア**〜**オ**は，専門店の運営特性について述べている。正しいものには1を，誤っているものには2をつけなさい。 |

ア 専門店とは，ターゲット顧客を明確にし，何らかの専門領域に特化した品ぞろえをもとに，販売やサービスの機能提供において高水準の専門性を発揮する店舗のことである。

イ 専門店の販売員は，ホームページ等で詳細な商品情報が掲載されているため，取扱商品に関する商品知識はある程度有していればよい。

ウ 専門店のうち買回品を中心とする店舗の場合，都市の中心部（繁華街）や近隣型商店街などが代表的な立地となる。

エ 買回品や専門品を扱う店舗では，洗練された店舗内外装やショートタイムショッピング（短時間での買い物）を駆使した魅力的な商品展示が不可欠である。

オ SPAという用語は，グローサリー業界を起源とし，最近はアパレル業界でも使用されるようになった。

| 第6問 | 次の**ア**〜**オ**は，スーパーマーケットの運営特性について述べている。正しいものには1を，誤っているものには2をつけなさい。 |

ア 日本のスーパーマーケット・チェーンの大多数は，フランチャイズチェーンもしくはボランタリーチェーンである。

イ スーパーマーケットの商品構成は，生鮮三品に加え，惣菜やDIY用品を強化しているのが特徴である。

ウ スーパーマーケット・チェーンの各店舗は，一般的に独立採算制により運営される。

エ 日本のスーパーマーケットでは，店舗の営業エリアの近隣農家で栽培される農作物などを販売する地産地消の動きが高まっている。

オ スーパーマーケットは，多店舗展開や対面販売方式によってコストダウンをはかり，食料品を中心に低価格販売を実現することで成長した。

次の**ア**～**オ**は，日本における総合品ぞろえスーパーについて述べている。正しいものには1を，誤っているものには2をつけなさい。

ア 総合品ぞろえスーパーは，日常生活に必要な食料品，衣料品，住生活関連商品などを一堂に集めたフルライン商品構成と高品質・高価格帯の商品販売で力を増していった。

イ 日本のショッピングセンターでは，総合品ぞろえスーパーが核店舗として直営売場を運営し，これを囲むように専門店を配置する形態が数多くみられる。

ウ 総合品ぞろえスーパーは，各店舗が個別管理するオペレーションにより効率化をはかる運営をおこなっている。

エ 総合品ぞろえスーパーは，一般にマス・マーチャンダイザーとして地域経済の向上に貢献し，消費者ニーズに対応するため店舗を大型化してきた。

オ 総合品ぞろえスーパーは，日用の実用的な商品を幅広く総合的に品ぞろえし，ワンストップショッピングの機能を提供し，対面販売方式を全面的に採用した店舗形態である。

第8問 次の**ア**～**オ**は，ドラッグストアの運営特性について述べている。正しいものには1を，誤っているものには2をつけなさい。

ア ドラッグストアでは，すべての店舗に調剤部門を配置し，薬剤師を常駐させなければならない。

イ 医薬品医療機器等法では，医療用医薬品を価格帯に応じて第1種医薬品，第2種医薬品，第3種医薬品に分類している。

ウ ドラッグストアは店舗展開において，スーパーマーケットの運営と同様に本部主導によるフランチャイズチェーンを基本としている。

エ 一般にドラッグストアでは，医薬品や化粧品などの販売で高い粗利益率を確保するとともに，日用雑貨品などを低価格販売して集客効果を高めている。

オ ドラッグストアでは，健康と美容に関する商品を重点的に扱い，日用雑貨，加工食品なども併せて購入できるセルフサービス販売方式を採用している。

第9問 次の**ア**〜**オ**は，スーパーセンターの運営特性について述べている。正しいものには1を，誤っているものには2をつけなさい。

ア スーパーセンターが，ルーラル立地を進めるのは，地価が安く，大規模な駐車場や店舗施設をローコストで整備できるためである。

イ スーパーセンターは，ディスカウントストアとスーパーマーケット（食品），ドラッグストアを融合した，アメリカを中心に発展した店舗形態である。

ウ スーパーセンターでは，一般的なスーパーマーケットに比べ，取り扱われているアイテム数が多い。

エ スーパーマーケットの価格政策はハイアンドロープライスが一般的であるが，スーパーセンターではEDLPが用いられることが多い。

オ スーパーセンターの店舗施設は，ツーフロア構造を原則とし，陳列什器にはウェアハウスラックが用いられている。

第10問 次の**ア**〜**オ**は，生協（消費生活協同組合）の事業運営について述べている。正しいものには1を，誤っているものには2をつけなさい。

ア 生協において，理事会は最高議決機関である。

イ 生協の特徴は，組合員自身が「出資」，「利用」，「運営」のすべてをおこなうことを原則とする。

ウ 生協とは，消費者基本法にもとづき，消費者が購買組織をつくって共同で商品の購入などをおこなう組合のことである。

エ 生協における組合員の出資金の額はそれぞれ異なるが，株式会社などと違い出資額の多寡によって権利に差をつけることはない。

オ 各生協では，取締役会で選任した代表取締役が生協の代表者として業務を執行する。

答　え

第 1 問：2　1　1　2　1
第 2 問：2　1　2　2　1
第 3 問：2　1　1　2　1
第 4 問：1　2　2　1　2
第 5 問：1　2　2　2　2
第 6 問：2　2　2　1　2
第 7 問：2　1　2　1　2
第 8 問：2　2　2　1　1
第 9 問：1　1　1　1　2
第10問：2　1　2　1　2

第 2 章

マーチャンダイジング

1 マーチャンダイジングの戦略的展開

　本節では，マーチャンダイジングの意味と内容を理解するために，チェーンストアにおけるマーチャンダイジング・サイクルを構成する様々な業務を本部と店舗それぞれの視点からみていく。

1-1 | 変革するマーチャンダイジングの概念

　小売業において，**マーチャンダイジング**（Merchandising：MD）は，商品を仕入れて品ぞろえをおこない販売するまでの一連の活動を意味する。

　アメリカ・マーケティング協会（AMA）では，マーチャンダイジングを「適切な商品やサービスを，適切な場所，時期，数量，価格によって，顧客に提供するための計画，活動」と 1948 年に定義しているが，その定義は時代の経過とともに変化している（図表 2.1）。

　また，今日の小売業におけるマーチャンダイジングでは，従来からあるデパートメント（部門）レベルの管理だけでなく，売場にあるアイテム（品目）レベルと店舗のライン（品群）レベル，さらにはクラス（品種）レベルに管理単位を明確化・細分化することで需要の側面から販売促進や商品管理を徹底するようになっている。この考え方を**カテゴリーマネジメント**という。

図表 2.1　AMA によるマーチャンダイジングの定義の変遷

	定義改定のポイント
1948 年	適切な商品やサービスを，適正な場所，時期，数量，価格によって，顧客に提供するための計画，活動
1960 年	企業のマーケティング目標を達成するために特定の商品，サービスを最も役に立つ場所と時期と価格で，数量を扱うことに関して計画し，管理すること
2008 年	インストアディスプレイを展開するメーカーの販売促進活動および小売業における商品（アイテム）と商品ラインの明確化

出所：『販売士 2 級ハンドブック（上巻）』（2020）pp.92-93 を参考に筆者作成

1-2 ｜ マーチャンダイジング・サイクルにおける構成要素と経営管理

マーチャンダイジング・サイクルは，チェーンストア本部がおこなう業務と各店舗がおこなう業務に大きく分けることができる（**図表2.2**）。以下で，それぞれの業務についてみていく。

図表2.2　チェーンストアにおけるマーチャンダイジング・サイクルの構成要素とそのプロセス

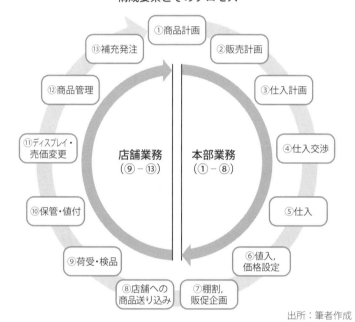

出所：筆者作成

（1）チェーンストア本部の業務

① 商品計画：商圏の特性にもとづいた適切な売場構築のために，顧客のニーズに適合した商品構成を確立することが，小売業における**商品計画**の基本業務である。売場づくりのフローにもとづき，「フロアゾーニング（品群構成）→フロアレイアウト（品種構成）→シェルフマネジメント（品目構成）→フェイシング（単品構成）」の流れで商品を細分化していく。

② 販売計画：小売業は，通常1年を52週に分割して，商品計画にもとづい

て週間単位で**販売計画**を立案する。過去の販売実績や市場動向を考慮に入れつつ年間の販売計画を作成する。

③ 仕入計画：**仕入計画**は，以下の6つの要素を組み合わせることで決定される。

- どのような商品を仕入れるべきか
- 最適な仕入数量はどの程度か
- 最適な仕入れ時期はいつか
- 最適な仕入先企業はどこか
- 最適な仕入価格はいくらか
- どのような仕入方法を用いるか

④ 仕入交渉：チェーンストア本部の商品担当者は，選んだ仕入先企業とのあいだで，仕入品目，数量，仕入時期など具体的な仕入交渉をおこなう。

⑤ 仕入：チェーンストア本部の商品担当者は，仕入を決定した商品カテゴリーごとのアイテム（品目），取引数量，仕入価格，そして**リベート**や**アローワンス**など取引条件の交渉をおこなう。

⑥ 値入，価格設定：値入と価格（売価）の設定は，次の2点を意識しながら実施される。

- 競争の手段として値入・価格を設定しない
- 自社のいる市場がどのような競争状況にあるかを認識・把握する

⑦ 棚割，販促企画：**棚割**とは，商品を陳列する棚（ゴンドラ）のスペース配分を決定して，スペースあたりの販売効率を向上させる管理技術のことを意味する。チェーンストアの場合は，一般的に本部（商品部）が棚割を企画・決定する。また，販売促進の企画については，小売店舗が立地する地域の歴史や旬を取り込んだイベントなどを実施することで地域需要を掘り起こすことが重要視されている。

⑧ 店舗への商品送り込み：定番商品など一部の重点商品を除いて，各店舗の品ぞろえは地域生活者のニーズを最優先している。**ディストリビュータ**と呼ばれる専門スタッフが，各店舗の地域特性や周辺環境を考慮して，いつ，どれくらいの数量を，どこの地域に商品を投入するかを決定し，店舗ごとに最適な品ぞろえをおこなっている。

(2) 店舗の業務

⑨ 荷受・検品：小売業の商品担当者が発注した品目が仕入先企業から店舗
や物流センターに納品された際に，**荷受**と**検品**をおこなう。商品担当者
は，納品された商品が発注したとおりの種類・数量・瑕疵の有無をチェッ
クする。

⑩ 保管・値付：定番商品や特売商品など消耗頻度の高い商品は，大量販売
のためにケース単位で納品されるため，店舗のバックヤードなどに一時
的に**保管**される。また，商品が保管されているあいだの流通加工業務と
して**値付**がおこなわれている。

⑪ ディスプレイ・売価変更：販売効率を高めるために商品カテゴリーや什
器の特性を活かして，顧客が商品を視認しやすく，選択しやすく，手に
取りやすくなるディスプレイ・パターンを採用する。また，鮮度劣化の
早い商品，製品ライフサイクルの衰退期に入った商品，売れ行きの悪い
商品については値下げを実施する必要がある。

⑫ 商品管理：**商品管理**（在庫管理や販売管理）を遂行するために，「適切な在
庫数量か」，「商品回転率が低い理由」などを十分に検討し，商品計画や
仕入計画などの立案プロセスにフィードバックする。

⑬ 補充発注：定番商品が規定の数量売れた時点で，当該商品補充のための
再発注（**補充発注**）が実施される。定番商品の継続的な仕入であるため，
あらかじめ決められた商品コードと数量を仕入先企業に連絡して発注を
おこなうことになる。

COLUMN 4：マーチャンダイザーとバイヤーの違い

　マーチャンダイザー（Merchandiser）とは，主に担当する商品群について，その仕入から販売に至るまでの計画と実践に大きな権限と責任を持つ担当者である。ここでは，マーチャンダイザーの主な役割について述べると同時に，一見その職能が似ていると考えられているバイヤーとの違いについても説明していく。

　最初にバイヤーとは，自社店舗で売れそうな商品を見つけ出して，買い付けをおこなう仕入担当者を意味する。市場におけるトレンドのリサーチをおこない，自社の顧客データから購買傾向を分析して，売れそうな商品を選んで（いわゆる「目利き」をして）仕入をおこなっていく。そのプロセスの中で，販売時期や仕入数量などの計画を立てていき，メーカーとのあいだで仕入価格の交渉をおこなっていく。最終的には，仕入れた商品の自社での販売価格を決定する場合もある。

　一方でマーチャンダイザーの活動は，仕入および販売の幅広い領域に展開している[*]。仕入活動においては，大きく3つの基本的な役割を担っている。第一に，商品計画を策定・管理して売上高や利益計画にまで責任を負うことである。第二に，仕入先との関係を調整して生産・納品・在庫量に問題が発生しないようにすることである。第三に，店舗規模に応じた商品の配置計画を決めることである。加えて，マーチャンダイザーは店舗の販売活動にも関わる。すなわち，商品の陳列や広告，販売促進活動の計画や管理など，販売やマーケティングの領域における業務をもこなす必要がある。その意味で，マーチャンダイザーは目まぐるしく変化する環境に即座に対応しながら，売れ筋の商品を供給し売り切ることをより俯瞰的な視点から考え実行に移していく舵取り役といえるだろう。

---

[*] 高嶋克義（2020）「小売企業の組織」高嶋・髙橋『小売経営論』有斐閣，p.43.

2　商品計画の戦略的立案

　商品計画を立案する際に重要な点は，小売業の経営方針や戦略目標を品ぞろえにどう反映させるかということである。そのため，商品計画の立案を進めるうえで，小売業の経営方針に適合する商品の役割と位置付けを明確にする必要がある。

2-1 ｜ カテゴリー別商品計画立案

(1) 実績評価と分析

　過去にさかのぼって小売業の商品計画に対する実績を分析・評価し，次期の商品計画の作成に活用することが，商品計画立案の基本的な業務となる。具体的には，過去の活動内容と実績の評価，現況の分析，目標の予測を通して業務をおこなうことになる。

(2) 商品計画における目標設定

　小売業の目標は，単に売上数値の設定だけでなく，商品計画に関する過去の実績および評価によって改善事項を抽出して重点的目標を設定することである。小売業では，商品計画における具体的な目標（売上高，粗利益高）を設定して，売場づくり，ディスプレイ，プロモーションの実施方法など，それぞれ対策を講じることになる。

(3) 品種構成と品目構成

　商品計画策定の基本は商品構成の確立である。「商品カテゴリーをどこまで増やすか」，「1つひとつの品目数をどこまで増やすか」を考えるうえで重要なのは，品種（**クラス**）と品目（**アイテム**）の適正なバランスである。近年では，**POS システム**の発展により品群（**ライン**）単位ではなく，単品（**SKU**）での管理が可能になっており，従来の品群単位の分類ではなく，品種単位に

まで落とし込まれて管理されるのが一般的である。

(4) 収益性の向上

　商品計画の中心的目標は，小売業にとっての適切な利益計画の設定にある。小売業におけるマーチャンダイジングの成否は，投資の適切な回収（ROI）によって決定するといっても過言ではない。**ROI**（Return On Investment：投資利益率）とは，投資した費用に対してどれだけの利益があったのかを示す指標である。ROIの数値が高ければ高いほど収益性が高いことを示している。

2-2 ┃ 商品構成の原理原則

　小売業の品ぞろえは，単に数量や種類の多さを示すものではない。顧客の視点に立つと，合理的かつ無駄のない品ぞろえであることが，商品選択のしやすさ，購入のしやすさにつながる。顧客のライフスタイルに即した仕入方針を決定し，商品をテーマにもとづき分類して，売場を編成することを**ライフスタイルアソートメント**という。**アソートメント**とは，商品構成にもとづき適切な商品を取りそろえる一連の活動のことを意味する。

(1) 商品分類の方法

　小売業の経営方針や運営方法によって，独自の商品分類基準が設定される場合もあるが，一般的に商品構成は以下のように階層状に分類される。

① **グループ**：食料品や衣料品，住関連用品のように，取り扱う商品を最も大きく分類した商品区分の単位。

② **デパートメント**：グループの単位に含まれる様々な商品を部門別に管理するために分類された商品区分の単位。食料品においては生鮮食品（精肉，青果，鮮魚）と加工食品に区分され，衣料品においては紳士服，婦人服，子供服などに区分される。

③ **ライン**：デパートメントをより具体的に分類した商品群。

④ **クラス**：季節や用途によって顧客が便利に選択できるような品種で分類された単位。顧客ニーズは変動するものなので，クラスもそれに対応して変動していく。その意味で販売戦略上において重要視される。

⑤ **サブクラス**：用途などを基準として，クラスをさらに細分化した単位。サブクラスの分類が顧客の生活シーンに対応して明確化されていればいるほど，顧客ニーズに対応した売場になり，顧客は商品を買いやすくなる傾向がある。

⑥ **アイテム**：サブクラスの中には類似した品目が多数存在するため，そうした場合にも区別ができるように共通した特性を持った品目ごとに区分する。

⑦ **SKU**(Stock Keeping Unit)：顧客が購入する個別の商品（単品）のことであり，価格や要領など，それ以上細分化することができない最小の単位となる。

(2) 商品構成における商品分類の方法

商品構成は一般的には部門別管理を基本として，品種構成から品目構成の順に取り組んでいくこととなる。それに先立つかたちで一定の基準にのっとった商品分類が必要になる。その際に用いられる商品分類の基準には，**生産体系型商品分類**と**生活体系型商品分類**の2つがある。

① 生産（ブランド）体系型商品分類：大分類をメーカー別，中分類をメーカーが提供するブランド別，小分類はそのブランドで販売された商品の用途別といったように，メーカーの都合を優先した商品分類である。

② 生活（シーン）体系型商品分類：同一の品種に属する品目をひとまとめにしてディスプレイゾーンを形成する分類方法である。つまり，メーカーが異なっていても商品の用途が同じであれば，同一の商品カテゴリーに編入し，同一ディスプレイで展開することになる。顧客の視点に立てば，売場で商品を探しやすく，また比較検討しやすくなる。

3 販売計画の戦略的立案

　本節では，**販売計画**の立案プロセスや小売業の販売管理方法としての**カテ
ゴリーマネジメント**，そして**予算編成**および**利益計画**についてみていく。

3-1 ┃ 販売計画の立案から販売管理までの
概要と作業体系（フロー）

　小売業における販売計画立案から販売管理までの作業フローは，以下のよ
うになる。

(1) 販売実績の分析

① 販売実績の分析：POS データや売上管理システムなどから得られた販売
　データを分析することで，目標の達成に向けた適切な販売戦略を策定し，
　販売計画を立案できる。
② 業界動向の分析：小売業の販売活動をとりまく環境要因の変化と販売実
　績の関連性を分析・検証していく。

(2) 販売予測

　商品カテゴリーごとの市場需要の変化を予測し，年間商品販売額や 1 人当
たり県民所得などの数値データを参考にしながら商圏内における購買需要の
比率を算出する。他方で，店舗単位・売場単位で過去の販売実績にもとづい
た短期的な**販売予測**もおこなう。

(3) 販売計画の作成

　一定期間で商品カテゴリー別の分析結果から，売上高と利益が確保できる
かどうかを判断したうえで，全社的な販売目標を設定する。

(4) 販売計画の戦略的展開

　多くのチェーンストアでは，週単位のマーチャンダイジング計画にもとづいて販売活動を実施している。週単位で売上高と利益を予測し販売活動にあたることができれば，祝祭日などの行事対応や地域交流など，販売機会を見逃すことなく営業ができる。

(5) 販売活動の管理

　「販売員が販売計画に沿って販売活動ができているか」について，管理者が販売管理の業務フローにおいて多面的に監督・指導をおこなう。販売計画にもとづいた行動ができれば，計画と実績の差異は小さくなり，目標達成までの工程をスムーズに進めることができる。

(6) 販売業績の管理

　販売業績の管理においては，単品レベルで商品情報を把握できるPOSシステムの活用が必要不可欠である。POSシステムに蓄積された単品レベルの販売データを分析し，販売業績の管理とリンクさせることで，業務の効率化や販売促進への活用などをおこなっていく。

3-2 ｜ カテゴリー別販売管理方法

(1) カテゴリーマネジメント

　ブライアン・ハリス（B. F. Harris）によって提唱された**カテゴリーマネジメント**とは，商品カテゴリーを1つの**戦略的ビジネスユニット**（Strategic Business Unit：SBU）としてとらえ，企業経営における売上高や利益などの経営目標を達成するために，販売管理や販売促進をおこなっていくことを意味する。

(2) カテゴリーマネジメントの取組み方

　カテゴリーマネジメントの取組みは，一般的に以下の工程でおこなわれる。
① カテゴリーの定義：カテゴリーに含まれる商品を決定する。その際に，

自社の主要顧客層のニーズに対応できるよう，いかに顧客視点の経営を維持してカテゴリーを拡大していくかを明確にする。

② カテゴリーの役割：自社における商品カテゴリーの位置付けや，顧客がその商品カテゴリーに求める役割を設定する。

③ カテゴリーの評価：商品カテゴリーの現状分析をおこない，対策を練る。

④ カテゴリースコアカード：顧客・市場・財務・生産性の各視点から，バランスのよい商品カテゴリー目標を設定する。

⑤ カテゴリーの戦略：商品カテゴリーの役割とスコアカードの目標を達成するための方針を決定する。

⑥ カテゴリーの戦術：決定された戦略を実現するために，具体的なマーチャンダイジング施策（品ぞろえ，価格設定，棚割，販売促進など）を決定する。

⑦ カテゴリーの実行：計画したマーチャンダイジングの施策を売場で実行する。

⑧ カテゴリーの改訂：常に商品カテゴリーの定義を見直し，微調整をおこなっていく。販売の成否について原因を分析し，顧客ニーズに対応した商品提供をおこなう。

3-3 | 予算編成および利益計画の概要

小売業は経営計画の策定から，さらに細分化された生産，販売，仕入，人事・労務などの諸計画を立案することになる。これらは財務計画として集約化される。それを貨幣価値としてに表示したものが**予算**である。

(1) 予算編成の機能

予算編成は，予算期間における小売業の目標利益を達成するために必要な計画を貨幣額で示す**利益管理**の技法である。予算編成には以下の3つの機能がある。

① 計画機能：予算を編成することで，経営陣が定めた経営目標やアイデアを具体化して小売業の各部門レベルや末端レベルにまで落とし込む。

② 調整機能：予算編成を通して，各部門の予算案を小売業全体から総合的に調整する。つまり，目標利益達成のために必要となる経営資源の配分

を調整する機能である。

③ 統制機能：各部門や事業部単位において，権限と責任の所在を明確にし，責任者に業績評価・業績管理をさせることで，経営者が目標利益達成のための統制をしやすくするために，予算編成がおこなわれる。このように，予算上の仕組みを責任者の業績とリンクさせることを**責任会計**[i]と呼ぶ。

(2) 予算の種類とその体系

予算の種類は，経常予算（損益予算と資金予算）と資本予算に区分できる。これらすべてを合わせたものを**総合予算**という。予算を体系的に示すと図表2.3のようになる。

図 2.3　予算体系の一例

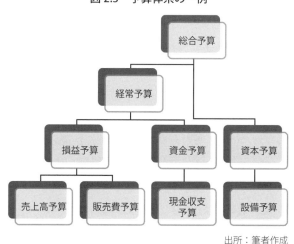

出所：筆者作成

① 経常予算：**経常予算**とは，経営において恒常的に実施される諸活動についての短期的な予算である。ここでは，損益予算と資金予算を合わせたものをさす。**損益予算**は売上高予算や販売費予算などから策定された損

---

i 櫻井（2019）によると，責任会計は「会計システムを管理上の責任に結びつけ，職制上の責任者の業績を明確に規定し，もって管理上の効果をあげるように工夫された会計制度」と定義されている。櫻井通晴（2019）『管理会計（第7版）』同文舘出版，p.54。

益に関する基本的な予算であり，**資金予算**は現金収支予算など資金繰り
に関する予算である。

② 資本予算：**資本予算**とは，設備予算や研究開発予算，新市場開拓のため
の予算など，企業価値の最大化や競争力維持のために必要な投資活動に
関する予算のことである。

(3) 予算編成の方式

① トップダウン方式：**トップダウン方式**とは，経営者などのリーダーが経
営計画にもとづいて設定した予算を現場に適用する方法である。

② ボトムアップ（積上）方式：**ボトムアップ方式**とは，予算を実行する各部
門がそれぞれの目標達成に必要となる予算案を編成し，これらを積み上
げ，全社的な予算を確定させる方法である。

③ 折衷方式：トップダウン方式で予算を編成すれば，経営者が現実にそぐ
わない理想的な目標を掲げることになり，反対にボトムアップ方式で予
算を編成すれば小売業の経営方針に沿わなくなってしまう可能性がある。
そのため，実際にはトップダウン方式とボトムアップ方式の両方の予算
編成方式を組み合わせて，トップと現場で必要となる全社的調整をおこ
ないながら予算が決定することになる。これを**折衷方式**と呼ぶ。

(4) 予算統制と差異分析

① 予算統制：**予算統制**とは，編成された予算と実績のあいだの差異を把握
して，その差異を縮めて計画に近づけるようにする取組みを意味する。

② 予算差異分析：計画した予算と期末実績のあいだに差異が発生したとき
には，**予算差異分析**を実施する。この予算差異分析により，価格と数量
のどちらに原因があるのかを特定し，今後の活動の改善につなげていく。
販売価格差異とは，実際の販売価格と予算作成時の販売価格の差額の大
きさによって，計画時と比較して売上高や原価にどの程度の差異が生じ
たかを示すものである。また，**販売数量差異**は，実際と予算の販売数量
の差によって売上高や原価にどれくらいの差異が発生したかを示すもの
である。そして，**総差異**は販売価格差異と販売数量差異を合計したもの

となる。それぞれの差異は以下の計算式で求められる。

　　販売価格差異 ＝ （実際販売価格 － 予算販売価格）× 実際販売数量

　　販売数量差異 ＝ 予算販売価格 ×（実際販売数量 － 予算販売数量）

　　総差異 ＝ 販売価格差異 ＋ 販売数量差異

　これらの差異の測定後，差異の原因を特定し，責任の所在を明らかにすることで，今後の経営に対する改善の方策を打ち出すことが重要である。販売単価，販売数量とも実際の値が予算を上回る場合は，プラス（有利差異）となる。対して，実際の売上高が予算を下回る場合は，マイナス（不利差異）となり，その差異の原因究明を急ぐ必要がある。

（5）利益計画の概要

　利益計画とは，目標利益を実現するための費用統制であり，小売業の各部門を**許容費用**というルールのもと統合的に管理する方法である。

　予算を作成するうえで最も重要な点は，**目標利益**の算出である。仕入予算や販売費予算など，ある程度正確に見積もりができるものがある一方で，売上高予算はその時点での景気や競争の状況，顧客の購買動向によって変化が生じやすいため，正確に見積もることは困難である。

　目標利益は，以下の計算式によって求められる。

　　目標利益 ＝ 予定売上高 － 許容費用

　　許容費用 ＝ 予定売上高 － 目標利益

　利益計画は，目標利益の設定によってその策定が開始される。目標とする利益を達成するために必要な予定売上高を求め，予定売上高と目標利益の差額から許容費用を決定する。この予定売上高と許容費用を算出する方法として，損益分岐点の計算がある。

　損益分岐点（Break-Even Point：BEP）とは，利益計画の策定において，売上高と費用の損益が「0」になる売上高のことをさす。その計算式は以下のとおりである。

　　損益分岐点：売上高 － 費用 ＝ 0　もしくは　売上高 ＝ 費用

　　損益分岐点売上高 ＝ 固定費 ÷（1 － 変動比率）

　当然のことだが，売上高のすべてが利益となるわけではなく，売上高から

様々な費用を差し引くことで利益を出していくことになる。この費用には，売上の多寡に関係なく支出する固定費と，売上の増減に比例して支出される変動費がある。

① 固定費：**固定費**とは，売上高の増減に関係なく，常に一定の大きさで発生する費用を意味する。地代家賃や水道光熱費，減価償却費などがこれに該当する。

② 変動費：**変動費**とは，売上高の増減に連動して変動する費用である。売上原価や販売手数料，運送費などが小売業における変動費に該当する。なお，売上高から変動費を差し引いた収益は限界利益と呼ばれる。

　　変動比率 ＝ 変動費 ÷ 売上高

③ 限界利益：**限界利益**は売上高と変動費の差であり，すべての固定費を回収できるポイントを示していることから，**貢献利益**と呼ばれることもある。その際の売上高が損益分岐点となる。また，**限界利益率**が高いほど収益力をもった企業ということになる。

　　限界利益 ＝ 売上高 － 変動費

　　限界利益率 ＝ 限界利益 ÷ 売上高

④ 目標売上高：**目標売上高**とは，達成したい利益を得るためにどの程度の売上高が必要であるかを示したものである。目標売上高は以下の計算式で求められる。

　　目標売上高＝（固定費＋目標利益）÷（1－変動比率）

4 仕入計画の策定と仕入活動の戦略的展開

本節では，小売業の具体的な仕入形態，消費財の分類と発注の視点などを中心にみていく。

4-1 仕入計画の策定

小売業の仕入活動は，顧客のために「適正な商品を，適正な場所で，適正な時期に，適正な数量を，適正な価格で，適正な方法で」販売することを前提におこなわれている。この前提のもと，以下の要素を踏まえて具体的な**仕入計画**が策定される。

① 仕入商品の選定：過去の販売実績から売れ筋商品を把握して，顧客の潜在的ニーズに対応した仕入商品を選定する必要がある。

② 仕入数量の決定：販売計画にもとづき，いつ，どこから，どれくらいの数量を仕入れるべきかを決定する。

③ 仕入時期の決定：季節商品は，季節の変動に対応して，需要期に先駆けて商品を仕入れることになる。一方で，流行商品は流行のライフサイクルに適応した仕入をおこなう。

④ 仕入価格の設定：仕入価格は，仕入数量や仕入時期，仕入先企業との取引条件によってそのつど変化する。**プライスゾーン**と**プライスライン**の設定から，顧客が商品選択・購買しやすくなるような価格帯を決定する。

また，仕入計画の策定にあたって，以下の調査をおこなう必要がある。

① 商圏内の主たる顧客層の需要動向調査：立地する地域に居住する人間の属性情報（年齢や性別，職業，所得など）を把握するために，以下の調査を実施する。

●**トラフィックカウンツ**（通行量調査）：入店者数，ショーウインドウをみる人の数，店頭通行者数などを把握し，これらの情報から仕入数量を調整する。

●**ファッションカウンツ**（流行性調査）：来店客の服装や所持品から，その

属性を把握し，仕入数量を調整する。
- ●**コンシューマパネル**（消費者調査）：多くの消費者と継続的な調査契約を結び，日々消費者が購入する商品の数量，価格，ブランド，購入店舗などを記録してもらう。
② 市況調査：景気変動や競合他社の動静を常に把握することで，自社の売上高の実績を正しく評価できるようにする。
③ 新たな仕入先企業の調査：需要と供給の状況は絶えず変化しており，新しい仕入先企業を見つけるための活動（見本市への参加など）が必要となる。
④ 価格調査：仕入商品の原価と品質，そして**マークアップ**（値入）や**マークダウン**（値下）に着目し，仕入の判断基準を考えるための調査をおこなう。

4-2 仕入活動の戦略的展開

　専門店など多くの小売業がメーカーや卸売業者から商品を仕入れる際には，**買取仕入**がおこなわれる。これは商品を仕入れた段階でその代金の支払いをおこなう方法であり，小売業は仕入れた商品について所有権を有し，全責任を負うことになる。

　買取仕入以外にも，商習慣や商品特性によって以下のような仕入形態が存在する。

(1) 委託仕入

　委託仕入は，ファッション関連商品をはじめとして，貴金属，美術品，毛皮，書籍などの分野における商取引で広く採用されている仕入方法である。メーカーなどが所有する商品を小売業に販売するよう依頼し，小売業がその商品を販売した際に見返りとして販売手数料を支払う。商品の所有権は仕入先企業にあるため，小売業側に在庫上のリスクは発生しないことになる。また，買取仕入の場合，高額な商品は躊躇されることが多く，委託仕入であれば小売店に容易に仕入れてもらえるといったメリットがある。また，価格設定の権限についても仕入先企業が持つため，販売価格は一定水準に維持される。このことから，仕入先企業・小売業の双方にメリットがある仕入方法と考えられる。

(2) 消化仕入

　小売業が商品に関して所有権を持たず，原則的に商品保管の責任を負うこととはなく，商品が売場に陳列されて売れた際に，売れた分の商品についてのみ仕入・販売処理をする方法を**消化仕入**と呼ぶ。

　委託仕入と消化仕入は，双方ともメーカーなどが商品の所有権を有したまま，小売業に商品を預けて販売を依頼している点が共通しているが，以下のような違いがある。

- ●委託仕入：小売業は商品を受け取る際に，いったん「仮仕入」の処理をおこない，商品が売れた時点で仕入処理をおこなう。そのため，商品が売れるまでは，小売店舗で商品を保管するスペースが必要になると同時に，商品の保管責任を負うことになる。
- ●消化仕入：商品が売れるまで仮でも仕入処理がおこなわれることは一切ない。そのため，原則として小売業は商品の保管責任を負わない。

(3) 当用仕入

　少量の商品を必要に応じて頻繁に仕入れる方法を**当用仕入**という。これは，商品の販売動向に対応して必要な数量をそのつど仕入れる方法になる。後述する集中仕入れと比較して，仕入価格の割引などの特典を受けることができないため必然的に商品の仕入単価は高くなるが，商品を保管するためのスペースを必要とせず，破損・汚損や売れ残りのリスクは減少する。

(4) 集中仕入

　本部集権型でチェーンオペレーションをとるスーパーマーケットなどの小売業は，本部が一括大量仕入を実施して，その後に各店舗に配荷する**集中仕入**をおこなっている。これはケース単位で商品を仕入れることにより仕入単価を大幅に下げることから，商品の販売価格を下げる効果がある。

(5) 仕入業務にかかわる発注システムの実際

① EDI（Electronic Data Interchange：電子データ交換）：**EDI**とは，オンライン

図表 2.4　EDI の仕組み

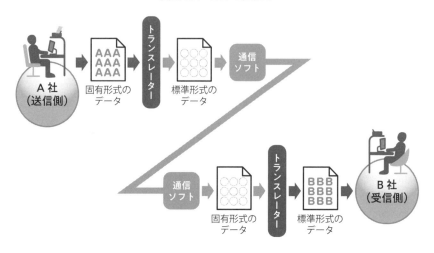

出所：一般財団法人日本情報経済社会推進協会（JIPDEC）「EDI とは」（https://www.jipdec.or.jp/project/kcode/edi/about.html），2022 年 9 月 10 日閲覧

で企業間の情報（伝票などの電子データ）をやりとりするための情報通信基盤のことをさす（**図表 2.4**）。「可能な限り広く合意された標準」にもとづいたデータ交換である EDI を導入することで，取引先企業ごとに専用の端末を設置する**多端末現象**の回避や各種伝票や帳票類の廃止を実現することが可能になり，マーチャンダイジングにかかわる事務処理業務を大幅に効率化することができる。

② GTIN（Global Trade Item Number）：企業間の電子データ交換においては，世界共通の商品識別コードである **GTIN** が用いられる。これは，「どの事業者の，どの商品であるか」を表すものである。日本国内では，**JAN コード** [ii] や集合包装用の **ITF コード**が GTIN に該当する。

---

ii　JAN（Japan Article Number）コードは，「どの事業者の，どの商品か」を表す国際的な共通商品コードである。海外では EAN（European Article Number）と呼ばれている。JAN コードには，標準タイプ（13 桁）と短縮タイプ（8 桁）の 2 パターンが存在する。標準タイプ（13 桁）のコードは，2 桁の国コードを含む 9 桁の JAN 企業（メーカー）コード，3 桁の商品アイテムコード，1 桁の誤読防止用コード（チェックデジット）から構成されている。

62

4-3 ｜ 消費財の分類別再発注のポイント

(1) 発注の視点

「**売れ筋商品**」や「**死に筋商品**」という用語には，明確な定義があるわけではなく，小売業間によってその意味や考え方には大きな違いがある。ここでは，商品販売動向から判断できる売れ筋商品の再発注のポイントならびに死に筋商品への対応について考えていく。

① 単品としての売れ筋商品動向の把握：今日，小売業では **POS データ**を活用した単品（**SKU**）ごとの販売動向の把握が可能となり，顧客ニーズをピンポイントでとらえることができるようになった。これを**単品管理**と呼ぶ。

② プロダクトライフサイクルと売れ筋商品の発注ポイント：適正な発注を実施するためには，**プロダクトライフサイクル**（Product Lifecycle：PLC）を販売戦略に活かす必要がある。とくに，**流行商品**をはじめとした売れ筋商品については小売業からの再発注が集中するため，メーカー在庫が僅少となり，予定した数量が納品されない恐れもある。さらに，市場トレンドが変化し，売れ筋商品の販売機会をロスしてしまう場合も考えられる。これは，流行性の高い商品の PLC が極端に短い（成熟期がほとんどない）ことを意味している。対して，**定番商品**の PLC は流行商品と異なり，導入期から成長期にかけてゆっくりと商品が市場に浸透し，成長期以降は商品が社会に定着して需要が安定し，売上を上げ続ける。生活必需品や実用衣料など，常に一定の数量を売場に確保しなければならない定番商品は，恒常的な販売数量を見込めるようになった時点で，販売機会をロスしないように再発注をおこなう必要がある。

③ 死に筋商品の発生パターン：一方で，**死に筋商品**の発生を考えると，その仕入段階や発注段階において「死に筋化」してしまう要因があると考えられる。以下で，商品が死に筋化してしまうパターンをみてみる。

● 仕入段階での選定ミスによる死に筋化：商品部が「売れる」と判断して契約したが，売場の担当者が経験的に「売れない」と思える商品は，

死に筋化することが多い。

- 初回仕入数量の過剰による死に筋化：契約時の初回仕入数量が，小売店舗の許容販売数量を大幅に超えたために売れ残りが発生して死に筋化する。

- 1回あたりの発注数量の多さによる死に筋化：予測した販売数量を超えた発注をかけて，計画通りに売り切ることができずに，在庫が蓄積して死に筋商品になる。

- PLCで成熟期から衰退期にある商品発注による死に筋化：PLCの成熟期から衰退期にさしかかっている商品を発注することによって，近い将来に死に筋化する。

④ 死に筋商品への対応：現実には，値下を繰り返すことで死に筋商品を長い期間にわたって売り切るという対応をする小売業が多く見受けられる。チェーンストアでは，商品を仕入れた後に全店舗において一定期間目立った成果が出せなかった商品に関して，死に筋商品としての処理方針を速やかに出す必要がある。

(2) 消費財の分類と仕入業務

　商品の分類は大きく2つに大別できる。1つは，総務省統計局が定めている「日本標準商品分類」に代表される**制度分類**である。制度分類とは，国や国際的な標準となる統一的に決められた基準となる分類であり，日本で生産・販売される商品を統計的に把握する際には，この分類にもとづいて集計がおこなわれている。

　もう1つは，問題意識によってそのつどつくられて利用される分類，すなわち**慣用分類**である。マーケティング学者のコープランド (M. T. Copeland) は，1923年に消費者の購買慣習を基準にして商品を以下の3つに分類した。

① **最寄品**：消費者が購入する頻度が最も高い商品で，販売単価が低く，さらにどこで購入してもその価格は大きく変わらない。そのため，一般的には住居に近い小売店舗で労力，費用，時間などをかけずに購入する商品となる。そのことから，最寄品を取り扱う小売店舗の数は非常に多い。商品回転率が高く，粗利益率は相対的に低くなるため，戦略的に利益率

を下げ，その分大量に商品を販売する**薄利多売**に向いた商品といえる。

② **買回品**：最寄品と比較すると販売単価が高くなり，消費者の購入頻度は低下する。消費者は，いくつかの店舗をまわりながら，価格や品質，デザインなどを他の商品と比較しながら購入を検討し，時間，費用，労力を多少かけても，自身がより満足できる商品を購入しようとする。

③ **専門品**：専門品には高価格帯商品が多く，消費者の購入頻度が極めて低い。商品に対するブランドロイヤルティ（Brand Loyalty）や，特定の店舗に対するストアロイヤルティの高さが商品購入に際して大きな影響を及ぼす。専門品が有する希少性や社会的評価などは，商品の大きな魅力であり，顧客は商品購入に至るまでに多くの時間や手間をかけることを苦にしない傾向にある。

5 販売政策の戦略的展開

本節では，価格設定の方法や棚割の戦略的な活用についてみていく。

5-1 | 販売政策において実施する価格政策の概要

(1) カテゴリー別価格政策の種類と概要

小売業における商品の販売価格を決定する際に，品種ごとに適した価格設定をおこなうことで，顧客にとって商品選択がしやすい環境が整うことになり，アピールしたい商品の売上を伸ばすことが可能になる。ここでは，以下の3点についてみていく。

① **プライスゾーン**：価格帯。品種ごとに小売業が設定する販売価格の上限から下限の範囲のことをさす。通常，プライスゾーンは特別価格帯（超高価格帯），高価格帯，中価格帯，低価格帯に区分され，その設定によって来店客層の絞り込みに影響を与える。

② **プライスライン**：価格線。品種ごとに小売業が選定した品目に設定したそれぞれの価格を意味している。通常，プライスラインはプライスゾーンの中にいくつか設けられる。こうした枠組みの設定は，小売業側の商品管理のしやすさと顧客側の商品選択のしやすさ，その双方に寄与することを目的とする。これにより，小売業は主要顧客層に対して店舗選択や店内での商品選択についての提案をおこなっている。

③ **プライスポイント**：値頃点。プライスポイントは，ある品種において，最も陳列数量が多く，最も売れ筋の品目に設定された価格を意味する。

(2) プライスライン政策の戦略的展開

プライスライン政策とは，顧客の購買決定を容易にするため，カテゴリーごとの品目を顧客ニーズに適合する価格帯に整理・分類したうえで，各商品の価格を設定する方法である。つまり，プライスゾーンをさらに価格帯ごと

にゾーニングすることであり，これを**プライスライニング**と呼ぶ。

　プライスライン政策を実施することで，顧客は価格比較が容易におこなえるようになる。つまり，顧客は明らかに異なる商品価格から，明らかに異なる商品価値を容易に認識できるようになり，その価格帯の中で商品選択をおこなうことから購買決定がしやすくなる。また，小売店舗の側に立てば，プライスラインを限定することで仕入や在庫管理が容易になり，効果的な販売促進に注力できるというメリットがある。

(3) 値入額の戦略的設定

　値入とは，仕入原価に利益を加算して販売価格を決定することを意味する。小売業は，適正な価格を設定し，適正な利益を確保するために**値入額**と**値入率**（売価に対する値入額の割合）を計算する必要がある。

　　　値入額 ＝ 売価 － 仕入原価

また，小売業は同様に，売価基準もしくは原価基準のどちらかの値入率を計算する必要がある。**売価値入率**は売価に対する値入額の割合であり，**原価値入率**は原価に対する値入額の割合である。一般的に「原価＜売価」の関係であるため，「原価値入率＞売価値入率」の関係が成立する。それぞれの値入率は，以下の計算式で求められる。

　　　売価値入率（％）＝ 値入額 ÷ 売価 × 100

　　　原価値入率（％）＝ 値入額 ÷ 仕入原価 × 100

　小売業は，値入率を売価基準か原価基準のどちらかの形式に統一して管理する。しかし，現実には多くの小売業が売価基準の考え方にもとづいて値入額，値入率を算出している。なぜなら，日頃から小売店舗で直接目にする売価にのっとった考え方のほうが，顧客にとって理解しやすく，値入率の妥当性について納得してもらえる可能性が高いからである。また，売価基準にもとづく考え方は，商品価値が原価基準でなく売価基準で把握されるため，顧客ニーズにより適合した商品提供ができるようになる。

5-2 価格政策の実際

(1) 需要の価格弾力性の考慮

需要の価格弾力性とは，価格が変動した際の商品に対する需要の変化の度合いを示す数値である。需要の価格弾力性は，以下の計算式で表すことができる。

需要の価格弾力性 ＝ 需要の変化率（％）÷ 価格の変化率（％）

需要の変化率（％）＝（価格変更後の売上数 － 価格変更前の売上数）

÷ 価格変更前の売上数 × 100

価格の変化率（％）＝（変更後の価格 － 変更前の価格）

÷ 変更前の価格 × 100

需要の価格弾力性は絶対値で表す。この値が 1 より大きければ「需要の価格弾力性が高い」商品となり，逆に 1 より小さければ「需要の価格弾力性が低い」商品となる。つまり，価格が変動することで売上高が大きく変化する商品（たとえば，嗜好品や奢侈品）は需要の価格弾力性が高く，逆に価格が変動しても売上高がほとんど変化しない商品（たとえば，生活必需品）は需要の価格弾力性が低いということになる。

(2) 値入に関する基本的事項

① マークアップ：**マークアップ**とは，仕入原価に一定の利益（**値入額**）を加算して売価を設定する方法（**値入**）である。また，いったんマークアップした商品の価格を引き下げる（値下する）ことを**マークダウン**という。

② リベート：**リベート**は，通常の代金授受とは別に，一定期間の取引量や取引金額，小売店舗における陳列場所の優劣や陳列面積の大きさなどに応じて，メーカーから卸売業者や小売業者に対して支払われる売上の割戻金のことをさす。

③ アローワンスの戦略的活用：**アローワンス**とは，メーカーから小売業者に対して提供される販売奨励金的な性格を持つフィーである。リベートは，小売業など流通業に商品を取り扱ってもらうためにメーカーが支払

う金銭であり，販売実績などに応じて秘密裡（事後）に支払われる金銭である。一方で，アローワンスは小売業に商品を販売してもらうために，事前に支払われる金銭となる。

④ マージンとコミッション：流通業界における**マージン**とは，売価から仕入原価を差し引いた売買差益のことを意味する。売上高に占めるマージンの割合をマージン率，もしくは粗利益率（売上高総利益率）と呼ぶ。**コミッション**とは，いわゆる手数料や歩合，インセンティブのことであり，成果に対する報酬という意味合いを持つ。ここでは，代理商・仲立業などのように商品の所有権をもたない卸売業者がメーカーから受け取る一定の手数料を意味している。

（3）その他の商慣行

① 返品：**返品**とは，何らかの理由で，顧客が購入した商品や小売業が仕入れた商品を製造元であるメーカーへ返す行為をさす。返品は，メーカーや卸売業者の製造上，配送上のミスに起因する「正当な返品」と，小売業の誤った販売方法に起因する「不当な返品」の２つに区分できる。本来であれば，商品の買い手が購入時に商品の特性や価値を把握すべきであり，もし不注意であった場合には，その商品によって発生した不利益は買い手が負うべきとする**ケイビエット・エンプター**（Caveat Emptor）が商取引の基本原則である。しかし，日本では，百貨店業界や書店業界にみられるように「返品は当然」という取引慣行が存在しており，返品行為自体が問題として顕在化する事例は非常に少ない。

② 協賛金：**協賛金**とは，小売業が自社のイベントや事業を実施する際に，仕入先であるメーカーや卸売業に対して求める金銭的負担のことをさす。小売業が協賛金の要求をする場合には，具体的な金額を提示するのが一般的である。しかし，算出根拠が不明瞭な協賛金の要求は，独占禁止法違反となる。不当な協賛金は，流通全体に無駄なコストを発生させる。

5-3 | 棚割システムの戦略的活用方法

棚割の方法は小売業によって様々である。しかし，セルフサービス方式を

とるチェーンストアを中心に，これまで長年実施されてきた「経験と勘，そして度胸によって実行してきた棚割」から信頼性の高い客観的な科学的データにもとづく「コンセプトが明確な棚割」に移行している。

(1) 棚割の概念

棚割とは，限られたゴンドラスペースの中で，多種多様な商品を顧客が見やすく，取りやすく，選びやすいように，用途や機能，デザイン，価格帯などのテーマによって効率的に分類・管理する**スペースマネジメント**の手法である。

顧客が商品を買い求めやすくなるように作成した棚割表にもとづいて，効果的な棚割を実現するために，テーマにもとづくグループ分け（**グルーピング**）をおこなう必要がある。

そして，分類した商品群において，最大限の利益を生み出す効果的な商品の組み合わせを考えて棚割を実施する。その際に，ゴンドラスペースに置かれた売れ筋商品が一部分に極端に偏らないように，可能な限り全体の商品が効率的に売れるようにスペース配分を実施することが重要である。

(2) 棚割システムの戦略的活用

小売業が作成する棚割表は，多種多様な商品を顧客が探しやすく，比較しやすく，買い求めやすいようにディスプレイしていくための基本的な戦略を示している。ここでは，戦略的棚割の実施フローについてみていく。

① ストアコンセプトにもとづくゾーニングおよびフロアレイアウトの決定：小売店舗のポジショニングにもとづいたコンセプトを設定し，部門単位で「商品群を棚のどの部分に，どれくらいのスペースを取って，どう配置するか」を決定する**ゾーニング**をおこなう。そして，フロアゾーンごとに品種を割り振る**フロアレイアウト**を決定する。

② ディスプレイ・パターンの決定：ストアコンセプトに適合するディスプレイ・パターンを品種単位で決定する。

③ 戦略的陳列方法の決定：顧客に商品を購入してもらうためには，商品の視認率を上げることが重要になる。商品の視認率を上げる陳列方法とし

て，最も有名なもののひとつに**ゴールデンライン**（ゴールデンゾーン）がある。ゴールデンラインとは，ゴンドラにおいて，商品が最も見やすく手に取りやすい高さにある陳列のことをさす。垂直型ゴンドラの場合は，85cm から 150cm の高さがゴールデンラインとされ，売上の大部分がこの高さに集中することになる。また，新商品や売れ筋商品は購買率を上げるためにゴンドラ中央部に陳列し，視認性を上げる方法がとられる。

④ プラノグラム導入によるスペースマネジメントの展開：**プラノグラム**（Plan on Diagram）とは，売場活性化と収益の最大化を意図した棚割計画のことである。棚割パターンを決める際には，商品のサイズや形状，包装形態などの要素が考慮される。近年では，プラノグラムを作成するソフトウェアが開発され，コンピュータを活用した棚割システムが導入されている。これを**スケマティック・プラノグラム**と呼ぶ。スケマティック・プラノグラムとは，コンピュータを活用して，商品カテゴリーごとの需要や売上を予測し，様々な棚割パターンの作成をおこなうことで収益性の向上を図る**購買需要予測型システム**である。

⑤ 単品のフェイシング：**フェイシング**とは，陳列棚において棚割された品目を横方向に何個並べるか（フェイス数）を調整・決定することをさす。商品の売れ行きは流動的であるため，POS データを参考にしながら，絶えずフェイス数の増減調整をおこなう必要がある。

⑥ ディスプレイの実施（棚への配置）：ゴンドラ什器への配置をおこなう。

（3）棚替の理由

棚替とは，陳列棚に置かれた商品の入れ替え・並べ替えを意味する。棚替によって，小売店舗全体のフロアレイアウトは大きく変化する。企業によって違いはあるものの，総合品ぞろえスーパーやドラッグストアなどでは，棚替は春と秋の年2回おこなわれることが一般的とされる。

6 商品管理政策の戦略的展開

本節では，商品管理の具体的な方法とPOSシステムのメリット，そして商品コードについてみていく。

6-1 商品管理の意義と方法

商品管理とは，仕入から，在庫管理を経て，販売に至るプロセスにおける物品の管理を意味する言葉である。すなわち，商品カテゴリーごとに仕入・在庫・陳列・販売の実態を数量的に把握することを意味している。

商品管理の目的は，過剰在庫と欠品を防止して，適正な在庫を維持し，商品回転率を高めることにある。商品回転率を向上させ，なおかつ顧客に不満を抱かせない適正な品ぞろえをおこなうために，単品管理をベースにした合理的な商品管理が必要となる。

(1) 単品管理の必要性

単品管理とは，すべての品目をその最小単位（**SKU**）まで細分化して商品管理をおこなうことである。顧客が求める商品について欠品や品薄状態を起こさず，商品の売れ残りを極力出さないようにするためには，SKU単位で販売数量と在庫数量を正確に把握する必要がある。**POSシステム**の普及により，大手チェーンストアをはじめとした多くの小売業において従前の部門別管理の必要性は薄れており，今日では単品管理によって顧客ニーズに対応した品ぞろえを高い精度で実現している。

(2) 死に筋商品の取扱い

仕入れた商品が計画通りに売れない場合，それらは**死に筋商品**となる。在庫に負担をかけ，さらには売上にも貢献しない死に筋商品を放置することは大きな損失につながるため，小売業経営にとって，死に筋商品を早期に発見して売場から排除することは重要である。

(3) 過剰在庫の取扱概念

小売業の現場をみると，売れない商品の**過剰在庫**が問題となっている。小売業が過剰在庫を抱えることで，以下のような悪影響が発生する。

① 在庫を持つことによって諸々のコスト（**在庫金利** [iii]）が発生し，利益を圧迫する。

② 死に筋商品が陳列スペースを占有し，結果として売上を減少させる。

③ 在庫が過密状態になると，破損や汚損などの割合が増加し，商品ロスが増える。

④ 単品の整理整頓がむずかしくなり，在庫数量の把握ができず，発注の精度を下げる。

⑤ ①から④の影響から，死に筋商品が増加し，値下販売をして粗利益を減少させる。

小売業は，過剰在庫を発生させないよう合理的に**在庫削減**をおこない，**適正在庫**を維持する必要がある。

(4) 商品回転率

商品回転率とは，一定期間内で在庫がどの程度入れ替わったかを示す指標である。通常，商品回転率の算出は年間単位でおこない，過年度の商品回転率と比較することで在庫状態の良し悪しを測定する。つまり，商品回転率の数値が大きいほど売れ筋商品であることを示し，逆に数値が小さいほど商品が売れるまでに時間を要する死に筋商品であることを示している。

商品回転率は，以下3つの計算式で求めることができる。

① 売価で求める方法：商品回転率 ＝ 売上高 ÷ 平均在庫高（売価）

② 原価で求める方法：商品回転率 ＝ 売上原価 ÷ 平均在庫高（原価）

③ 数量で求める方法：商品回転率 ＝ 販売数量 ÷ 平均在庫数量

①と②の計算式は，いずれも金額ベースで商品回転率を算出するので，経営陣が在庫の回転状況を確認するのに適したかたちといえる。③は数量ベー

[iii] 在庫金利とは，在庫を持つことによって発生する借入金や諸々のコストを指標化するための会計管理上の架空の金利である。

スで在庫の実態を把握できるため，実務として在庫管理を実施する場合に向いた計算式といえる。また，平均在庫高の算出方法は一般的に以下の計算式が用いられる。

平均在庫高 ＝（期首棚卸高 ＋ 期末棚卸高）÷ 2

平均在庫高 ＝（期首棚卸高 ＋ 中間棚卸高 ＋ 期末棚卸高）÷ 3

商品回転率を高めるための手法として，以下が考えられる。

① 平均在庫高を減少させる：多頻度少量仕入を活用することで平均在庫高を減らして商品回転率を上げる方法である。売れ筋商品の品薄状態や欠品に注意する必要がある。

② 売上高を増加させる：商品回転率が低くなる理由として，売価が適正でないことが考えられる。その場合，売価変更（値下）による販売促進により商品回転率を高めることができる。しかし，粗利益率の低下が発生する点には注意が必要である。

6-2 | 商品ロスの基本的原因

(1) 商品ロスとは

本来，帳簿上の在庫数と実際の在庫数は一致していなければならない。しかし，**棚卸**において確認をおこなうと，帳簿上の在庫数より実際の在庫数が少ない（商品が所在不明になる）場合がある。つまり，在庫帳簿と棚卸で確認した実際の在庫の差が**商品ロス**なのである。通常，商品ロスについては金額で把握する方法が採用されている。

(2) 商品ロスの種類と発生原因

商品ロスの発生原因は様々で，商品管理の不行き届きや業務処理上のミスなどが考えられる。ここでは，主な商品ロスとその発生原因についてみていく。

① 値下ロス：仕入段階で設定した売価を値引などで下げることによって，本来得られるはずであった利益が得られないことを**値下ロス**という。値下ロスの原因としては，需要予測の誤りや発注ミスによる過剰仕入で商

品が売れ残った場合が考えられる。

② 商品廃棄ロス：**商品廃棄ロス**とは，商品が売れないまま廃棄処分することによって生じる損失のことである。商品廃棄ロスが生じる原因としては，商品の過剰仕入による商品の消費期限もしくは品質保持期限の超過や死に筋商品の発生などが考えられる。商品の廃棄は，そのまま仕入原価分の損失になるだけでなく，さらに廃棄作業にかかるコストが上乗せされるため，小売業にとっては最も避けたい商品ロスといえる。

③ 棚卸ロス：棚卸を実施した結果，帳簿上の在庫数よりも実際の在庫数が少ない場合に発生するのが**棚卸ロス**（棚卸差損）である。棚卸ロスの発生原因として，棚卸時の商品番号の記入ミス，在庫のカウント漏れや数え間違いなどの内的要因と，万引きや盗難といった外的要因がある。

6-3 | POS システムの戦略的活用方法

POS（Point of Sales：販売時点情報管理）システムとは，商品コードをスキャンし，その販売情報（どんな商品が，いつ，どの程度の数量，いくらで売れたのかなど）を単品（SKU）単位で記録・集計するシステムのことをさす。

具体的には，**POS システム**が搭載されたレジスター（POS レジ）のスキャナで商品のバーコードを読み取り，その情報をコンピュータで処理することで，売上の金銭管理や商品の在庫管理，仕入管理や消費者動向の把握など小売業の経営戦略上で必要となる各種情報の管理をおこなっている。

(1) POS システムによる戦略的商品管理

① POS システムの段階的活用：小売業における POS システムの活用は，以下の3つの段階に大別することができる。
  - 第1段階：レジとしての活用レベル。
  - 第2段階：売れ筋や死に筋の商品管理への活用レベル。
  - 第3段階：応用レベル。具体的な販売促進活動や販売員のシフト編成などを実施するうえで，商品カテゴリー別の時間帯別売上データや価格帯別売上データなどを活用する段階。

② POS データの戦略的活用法：今日では，POS システムで得られた販売デー

タは商品管理や仕入政策などに幅広く活用される。

- ●インストアプロモーションへの活用：小売業の POS システムは，単純な商品管理にとどまらず，自社の顧客管理に活用することで顧客の購買意思決定を促進する**セールスプロモーション**につなげることを目的としている。セールスプロモーションのうち，小売店舗内で実施される販売促進活動を**インストアプロモーション**という。POS レジで得られた顧客情報と販売データを結び付けることで，当該顧客に適すると考えられるキャンペーン情報をレシートに印字して提供したり，当該顧客の購買行動に連動したクーポンの発券などが実施できる。

③ 重点管理の必要性：自社の経営資源を投入することが大きなプラスの効果を生む商品カテゴリーが発見できれば，当該カテゴリーで実態に即した効率のよい販売戦略を展開することができる。これを**重点管理**と呼ぶ。また，優先度の高い商品カテゴリーを見つけ出す手法の1つとして ABC 分析が用いられることが多い。

- ● ABC 分析（パレート[iv]分析）：**ABC 分析**とは，在庫管理や商品管理，顧客管理などをおこなう際に，分析対象を重要度の高い順に A，B，C のグループに分類して，それぞれのグループに対応した管理を実施する方法のことである。

④ POS システムの活用：小売業における POS システムは，一般的に**POS ターミナル**と**ストアコントローラ**で構成されている。POS ターミナルは POS レジとも呼ばれ，バーコードを読み取ることで，顧客が購入した商品の売上情報を瞬時に把握することができる。そして，ストアコントローラは POS データを活用して各種の情報管理や分析作業（在庫管理や発注管理）をおこなうコンピュータのことをさし，一般的には小売店舗の事務室やバックヤードに設置されている。POS レジで読み取られた売上データはストアコントローラに送られ，商品の仕入や売場構成の変更を検討する際にその情報が活用される。さらに，チェーンストアの場合は，その

---

iv ヴィルフレド・パレート（Vilfredo Pareto）はイタリアの社会学者，経済学者である。彼によって提唱された「パレートの法則」は，「少数要因によって大勢は左右される」という社会現象を定義している。

売上データがオンラインで本部に送信され，全社的な経営判断の材料の1
つとして活用される。

(2) POS システムのハードメリットとソフトメリット

　小売店は，POS データを分析することによって，買物時に把握しにくかっ
た顧客ニーズを発見することができる。その他にも，POS システムを活用
することで，以下のような効果が期待できる。これらのメリットは，ハード
面とソフト面の2つに大別できる。

① ハード面でのメリット

●顧客サービスの向上：商品のバーコードをスキャンすることで精算業
　務を短縮化し，レジの待ち時間を短くすることができる。同時に，金
　額の入力ミスを少なくできる。

●レジにおける人的作業の合理化：経験の少ない人でもレジ操作ができ
　るため，操作を修得するための実習期間を短縮できる。

●値付作業の省力化：メーカーなどが商品のパッケージにバーコードを印
　刷しているため，小売店舗における値付作業を省略することができる。

② ソフト面でのメリット

●死に筋商品の把握：死に筋商品を発見し，その商品が売れない理由の
　検討や販売方法の変更などがしやすくなる。

●欠品と過剰在庫の防止：品種ごとによく売れる商品がわかるため欠品
　を防ぎやすい。また，売れ行きの悪い商品の動向もつかみやすいため，
　在庫処分の検討もしやすい。

●各種セールなどの商品販売動向の評価：セール期間が終わった後での，
　対象商品の分析・評価が容易になる。

●品ぞろえの向上：新商品の販売動向を知ることで，定番化の判断がで
　きる。売上や利益の情報をもとに重点管理するべき商品や排除すべき
　商品の選定が実行しやすくなる。

●その他：チェッカー（精算業務担当者）別のレジ稼働状況が把握できる
　ため，混雑時のレジ開放やチェッカーの各種教育がすばやく実施できる。

（3）商品コードの種類と概要

　商品コードとは，商品を識別するために英数字を用いて商品名をコード化したものであり，棚卸や検品など商品管理の効率化に貢献する。ここでは，JAN シンボルと集合包装用コードの2つについて説明する。

① JAN シンボル：**JAN シンボル**とは，JAN コードをコンピュータや各種情報機器に自動入力するために標準化されたバーコードシンボルである（図表 2.5）。

② 集合包装用商品コード：**集合包装用商品コード**（GTIN-14）とは，企業間の取引単位である段ボールなどの集合包装に対して設定される商品コードである（図表 2.6）。

図表 2.5　JAN シンボル

JAN シンボル 13 桁　　　　　JAN シンボル 8 桁

出所：一般財団法人流通システム開発センター（GS1 Japan）「JAN シンボル」（https://www.gs1jp.org/standard/barcode/jan_symbol.html），2022 年 9 月 17 日閲覧

図表 2.6　集合包装用商品コードを ITF シンボルで表現した例

出所：一般財団法人流通システム開発センター（GS1 Japan）「GTIN（集合包装用商品コード）とITF シンボル」（https://www.gs1jp.org/code/jan/itf.html），2022 年 9 月 17 日閲覧

COLUMN 5：小売業における RFID の活用

RFID（Radio Frequency Identification）とは，IC タグ（RFID タグ, RF タグ）に記録された情報を電波や電磁波によって非接触でデータを読み書きする仕組みのことである。非接触でタグの情報を読み取れるという特徴から，今日では RFID は流通の様々なシーンにおいて活用されている。以下に RFID の特長をまとめる。

① スキャナをかざすだけで，複数タグの一括読み取りが可能
② 電波の届く範囲であれば，タグの読み取りが可能
③ 梱包された商品を開けずに，タグの読み取りが可能
④ タグの表面が汚れていても情報の読み取りが可能
⑤ タグに登録される情報量が多く，情報の書き換えも可能

上記の特長から，RFID は小売業における様々な業務を省力化・効率化することに成功している。入荷検品や棚卸業務については，RFID を用いることで作業時間が大幅に短縮されると同時に，在庫管理の精度が向上するといった効果があらわれている。また，RFID を用いたセルフレジは，商品を所定の位置におくだけで精算が完了するため，会計時間の短縮につながり顧客満足度を向上させるといった効果を発揮している。

今日では，RFID タグそのものの単価が下がってきており，大手小売業に限らず RFID の導入・活用がしやすくなってきている。そう遠くない将来に，RFID がバーコードに取って代わる日がやってくるだろう。

本節では，おもに店舗形態別の物流システムの特徴についてみていく。

7-1 | 小売業における物流システムへの取組み視点

① 顧客志向の物流システム：今日では，消費者の価値観とライフスタイルの変化，そして情報通信技術の発展から，小売業主導の顧客ニーズ対応型物流が展開されるようになっている。

② 売場基準のディマンドチェーン・マネジメント：今日における小売業の売場は業種別の品ぞろえではなく，顧客のライフスタイルに合わせた品種構成に変化している。そのため，市場変化に対応した小売業主導のバリューチェーンを実現する**ディマンドチェーン・マネジメント**（DCM）を小売業は進めている。DCM については，本節 7-3 にて詳述する。

③ **新総合物流戦略**：小売業は，生産者から売場における販売までをトータルマネジメントして，顧客への安心・安全で低コストの商品流通を促進する新総合物流体制を構築する必要がある。

④ 物流システム重視の組織体制：今日，小売業に求められる効率的な物流は，全体最適のための企業戦略と組織体制，物流ネットワークの構築にもとづいて実現されている。

⑤ 環境負荷を軽減させる物流体系の構築：小売業の物流は経営の合理性を追求すると同時に，環境へのリスクに対して環境マネジメントシステム（Environmental Management System：EMS）を導入・実践・検証をおこない，企業の社会的責任を果たすことが求められている。

7-2 | 店舗形態別にみる物流システムの取組み視点

(1) 百貨店業界の物流

買回り品を中心に取り扱う百貨店業界では，ハイブランド商品や最先端の

季節商品をとりまとめて素早く導入する**時期集中型小口物流**を物流システムの基本としている。そのうえで，従来のメーカー・卸売業に依存した返品を前提とする**委託仕入**から脱却し，百貨店自身が計画的に商品を仕入れ，自ら売場を構築し販売する**自主マーチャンダイジング**の強化に尽力している。

とくに物流の側面において，百貨店は取引先や物流事業者と連携して合理化の取組みを進めつつある。今日では，3PL（**第三者物流**）による**共同配送**システムや納品代行，自社の**トランスファーセンター**を活用することで，輸送コストの削減，荷受場の混雑解消などを実現している。さらに今後は，伝票の標準化や検品業務の標準化や送り状の電子化の普及，開店前納品の是正などを進めることで，百貨店業界が抱える物流上の課題を解決し，百貨店物流の効率化に向けて主体的に取り組むとしている[v]。

（2）総合品ぞろえスーパー業界の物流

総合品ぞろえスーパーは，多店舗展開とチェーンオペレーション・システムにより標準化された多品種多量の商品を欠品・品薄状態にさせずに安定供給する**クロスドック型トランスファーセンター物流**を基本としている。つまり，物流センターでおこなわれていた諸々の作業を最大限簡略化し，ケース単位での仕分および積み替えのみをおこなうことで，入荷した商品をいち早く出荷してリードタイムを最小化しているのである。

また，総合品ぞろえスーパーの商品調達では，**一括統合納品**が基本となっている。これは，複数のメーカーや卸売業の商品をとりまとめて，物流センターなどに一括納品する物流方式である。このように店舗別納品を一括する方式を，**総合型物流システム**と呼ぶ。

総合品ぞろえスーパーに代表されるチェーンストアは，以下の3つの方法で物流センターを運営している。

① 在庫をもたない通過型センター（TC：**トランスファーセンター**）

---

v フィジカルインターネット実現会議百貨店 WG（2022）「フィジカルインターネット実現会議百貨店 WG 報告書—2030 年に向けたアクションプラン—」経済産業省（https://www.meti.go.jp/policy/distribution/hyakkatennwg.html），2022 年 9 月 18 日閲覧

② 在庫をもつ在庫型センター（DC：**ディストリビューションセンター**）

③ 生鮮食品の食材を加工・調理し，プリ・パッケージ化をおこなうセンター

（PC：**プロセスセンター**）

　今日では，ほとんどの総合品ぞろえスーパーが物流センターを保有している。各センターがそれぞれ別施設として存在するわけではなく，同一施設の中に複数の機能を併せ持つものが一般的である。

(3) コンビニエンスストア業界の物流

　主としてフランチャイズチェーン（FC）で展開するコンビニエンスストア業界では，本部が商品と納入業者を選別し，本部が各店舗からの補充発注を受けてサプライヤーに発注をおこない，各店舗に商品を納入させる方式を採用している。しかし，弁当や総菜などは，取扱商品の特性から，多品種商品の高頻度少量対応の調達物流と，時間帯指定の計画配送を特徴とする**ジャストインタイム物流**を導入している。「必要なものを，必要な時に，必要な量だけ」配送することで，**多頻度小口配送**が実現可能となっている。

　そして，**共同配送**とは，納品先が共通する複数のプレーヤー（メーカーなど）が互いに荷物を持ち寄り，特定エリアの配送業務を共同で実施することにより，トラックの積載効率を高めて，コストを削減する取組みをさす。

(4) 専門店業界の物流

　専門店（業種店）は，特定の商品カテゴリーに特化した品ぞろえをしているが，その店舗規模や売上金額からみると，それぞれの専門店が物流システムを構築することはほとんど不可能に近い。そのため，物流に関してはもっぱら卸売業（地域内に拠点を置く少数の問屋）に依存することになる。

7-3 ｜ 総合型物流システムの展開

(1) 需要予測・自動補充システム

① CRP：**CRP**（Continuous Replenishment Program：連続補充方式）は **VMI**（Vendor-Managed Inventory）の方式の１つで，小売業の販売データや在庫

データなどにもとづく発注データが物流センターに送られ，その発注データから必要在庫数量を算出し，さらにサプライヤーが物流センター内の在庫変動にもとづく需要予測をおこない，物流センターへの商品補充量を自動的に決定し，商品補充をおこなう仕組みである。これは，情報技術を積極的に導入し，無駄を極力削減することで，顧客に対して迅速かつ低コストの商品提供を実現する **ECR**（Efficient Consumer Response：効率的消費者対応）の支援につながっている。

② CPFR：**CPFR**（Collaborative Planning, Forecasting and Replenishment：共同需要予測・補充）とは，小売業者があらかじめ販売実績や販売促進に関する情報をサプライヤーに提供・共有することで高精度の需要予測にもとづいた商品の自動補充ができるシステムのことをさす。情報の共有や数値の突き合わせについては，**EDI** やインターネットを活用することでおこなわれる。**JMI**（Joint Managed Inventory）とも呼ばれる。

(2) DCM の動向

サプライチェーン（Supply Chain：供給連鎖）とは，原材料調達から商品販売に至るまでの一連の流れをさす。サプライチェーンは，複数企業にまたがる商品のフローとストックをサプライヤーの視点で工程全体をとらえていることにその特徴がある。このサプライチェーン全体を最適化する管理手法を**サプライチェーン・マネジメント**（Supply Chain Management：SCM）と呼ぶ。対して，**ディマンドチェーン**（Demand Chain：需要連鎖）とは，顧客や市場の要求や情報にもとづいた業務プロセスである。小売業の持つ需要に関する情報（POS データなど）をもとにして，商品開発や生産，物流などの業務を最適化する管理手法のことを**ディマンドチェーン・マネジメント**という。すなわち，小売業・卸売業・メーカー間において多種多様な流通情報が交換・共有されてはじめてディマンドチェーンの効率化が達成される。

ディマンドチェーンの効率化に必要な流通情報として以下があげられる。

① 取引情報：受発注情報や代金決済情報が該当する。

② 物流情報：商品の入出荷に関する情報や在庫情報，輸配送指示情報などが該当する。

③ 市場情報：需要情報や競争情報などがある。たとえば，POS データは最終消費者の実需を表す需要情報である。

④ 販売促進情報：小売業の広告や売場における販売促進活動に関する情報が相当する。

(3) 流通情報化インフラとしての EDI

　サプライチェーンやディマンドチェーンにおいて，各種の流通情報を交換するための情報通信基盤となるのが **EDI** である。

　EDI の活用範囲が拡大していくことで，規格が統一化されると同時に基幹流通情報が統合され，容易に情報共有をおこなうことが可能となる（**標準 EDI**）。

　JCA 手順により多様な業界で EDI フォーマットは標準化されてきたものの，2024 年 1 月以降固定電話の IP 網移行が実施されることに伴い，ISDN 回線を通じておこなわれてきた JCA 手順は利用できなくなる。そのため，インターネット EDI を用いた**流通 BMS**（Business Message Standards：流通ビジネスメッセージ標準）への移行が徐々に進んでいる。

　以下では，受発注 EDI，物流 EDI，決済 EDI の基本的な仕組みについてみていく。

① **受発注 EDI**：チェーンストア本部は，各店舗から送信されたデータを集計し，仕入先企業へ送信（受発注 EDI）する。仕入先企業は，受発注 EDI で受信したデータと自社在庫のマスターファイルを照合して在庫を確認し，出荷指示をおこなう。仕入先企業から出荷された商品は，チェーンストアの物流センターに納品・検品がおこなわれ，店舗別に仕分けされ配送される。

② **物流 EDI**：集合包装（段ボールなど）には，**ITF**（Inter-leaved Two or Five：標準物流シンボル）コードが印字されている。ITF は，その商品がどんな荷姿であるかを示すパッケージ・インジケーターが **GTIN** の先頭 1 桁に設定されたコード体系で，入出荷検品や仕分け，在庫管理の効率化を図ることができる。また，異なる単品が混載されて出荷される折りたたみ式コンテナには SCM（Shipping Carton Marking）ラベルが貼り付けられている。**SCM ラベル**には，店舗別仕分けコードや情報系コード（EAN-128），店舗コード，取引先コードが印字されており，検品や店舗別仕分けの効

率化やサプライヤーの納品実績管理に活用される。また，物流センターでは，**ASN**（Advanced Shipping Notice：事前出荷明細）によって，検品や店舗別仕分けが自動化されている。仕入先企業からあらかじめ ASN を受信し，ITF コードや SCM ラベルの EAN-128 を読み込むことで，ASN と自動照合し，入荷した商品を**カートン単位**，**オリコン単位**（折りたたみコンテナ単位）で自動的に検品・仕分けをおこなう。とくに有力なチェーンストアにおいては，物流 EDI を導入することで，サプライチェーン全体の効率化を図っている。

③ **決済 EDI**：企業間で受発注にもとづく商品授受がおこなわれ，債権・債務が確定すれば，請求と代金支払いをおこなうことになる。この請求データ・支払いデータについては，決済 EDI が活用される。

COLUMN 6：**スマートロジスティクス**

　物流が生産された商品を消費者に届けるまでの一連の活動であるのに対して，ロジスティクス（Logistics）は調達・生産・物流・販売の各領域を一元的に管理することで業務を最適化することを意味している。つまり，流通における各工程を連携させて全体の最適化を図ることで，トータルでの作業効率化や利益向上を実現可能にするシステムをつくりあげていく考え方である。

　今日では，EC サイトを通じた消費が非常に大きくなっており，ロジスティクスの重要性は以前にも増して高まっていきている。とくに AI（人工知能）や IoT（モノのインターネット）などの最新技術を組み込むことで省人化や標準化が推し進められている。これをスマートロジスティクスと呼ぶ。このスマートロジスティクスによって業務の効率化，物流コストの削減，セキュリティの向上，環境負荷の軽減などが実現するとされる。具体的には，物流業界における慢性的な人手不足に対応した自動運転技術の導入やピッキングシステムの無人化によって，人件費の削減だけでなく事故率を減らし安全に業務をおこなえる現場環境を作り出すなどの効果が考えられる。また，ネット通販や CtoC 取引の増加による少量・少額の小口配送の増加に対応して，配車業務の自動化や AI による配送ルートの最適化をおこなうことでトラックの稼働率を向上させ配送効率を高めるといった効果が考えられる。

　このことから，スマートロジスティクスは業務の効率化や最適化を推し進めると同時に，労働者の高齢化への対応，人手不足の解消，長時間労働の是正を促しているといえる。

【参考文献】

石原武政・竹村正明・細井謙一（2018）『1 からの流通論（第 2 版）』碩学舎

櫻井通晴（2019）『管理会計（第 7 版）』同文舘出版

住谷宏編著（2019）『流通論の基礎（第 3 版）』中央経済社

高嶋克義・高橋郁夫（2020）『小売経営論』有斐閣

坪井晋也・河田賢一編著（2021）『販売管理論入門（改訂版）』学文社

日本商工会議所・全国商工会連合会編（2019）『販売士 3 級ハンドブック（上巻）』
　　カリアック

日本商工会議所・全国商工会連合会編（2020）『販売士 2 級ハンドブック（上巻）』
　　カリアック

番場博之編著（2021）『基礎から学ぶ　流通の理論と政策（第 3 版）』八千代出版

渡辺達朗・原頼利・遠藤明子・田村晃二（2008）『流通論をつかむ』有斐閣

練 習 問 題

第1問 次の**ア**〜**オ**は，マーチャンダイジングの概念について述べている。正しいものには1を，誤っているものには2をつけなさい。

ア マーチャンダイジングとは，2008年におけるAMA（アメリカ・マーケティング協会）の定義によると，「インストアディスプレイを展開するメーカーの販売促進活動および小売業における商品と商品ラインの明確化」を意味する。

イ マーチャンダイジングとは，一般に，商品を仕入れて品ぞろえをおこない販売するまでの一連の活動を意味する。

ウ マーチャンダイジングとは，メーカーが提供する商品を，適正な数量，適正な価格，適正なタイミングで仕入れるための諸活動をいう。

エ 今日の小売業におけるマーチャンダイジングでは，カテゴリー別に管理単位を明確化することで，販売促進や商品管理を徹底しているところもある。

オ コンビニエンスストアでは，一般に，品ぞろえの幅を部門単位で，深さを品目単位で構成し，商品管理をおこなう。

第2問 次の**ア**〜**オ**は，チェーンストアにおけるマーチャンダイジングサイクルについて述べている。正しいものには1を，誤っているものには2をつけなさい。

ア 仕入交渉は，各店舗ごとに仕入先企業の営業担当者と具体的な条件交渉をおこない，実施する。

イ 各店舗の販売動向に合わせて，同一の商品をそれぞれの店舗に投入する時期，数量などを計画的に調整する専門スタッフのことを，オーガナイザーという。

ウ 商品計画は，売場づくりのフローにもとづき，フェイシング→シェルフマネジメント→フロアレイアウト→フロアゾーニングのように，小さな業務から策定する。

エ 販売計画は，仕入計画にもとづき1年を52週に分解した週間単位の

ものとして策定する。

オ スペースあたりの販売効率を向上させる視点から，本部が棚割を企画し，決定する。

第3問 次の**ア**〜**オ**は，売上構成の原理原則について述べている。正しいものには1を，誤っているものには2をつけなさい。

ア 商品分類の基準の1つに，生産（ブランド）体系型商品分類と生活（シーン）体系型商品分類がある。

イ 顧客のライフスタイルのシーンで仕入方針を決定し，それぞれの商品をテーマにもとづき分類し，売場を編成することを「ライフスタイルアソートメント」という。

ウ 商品分類における「アイテム（品目）」とは，「これ以上分類出来ない最小の単位品目」のことである。

エ 商品分類における「クラス（品種）」とは，「それぞれの商品ラインをその特徴，性格，ライフスタイルなどの要素で最も大きくグルーピングしたもの」をいう。

オ 商品分類の方法は小売業によって異なり，大分類，中分類，小分類，細分類へと徐々に規模を縮小していくのが一般的である。

第4問 次の**ア**〜**オ**は，小売業における予算編成について述べている。正しいものには1を，誤っているものには2をつけなさい。

ア 企業の設備投資に関する予算を資本予算という。

イ 予算編成とは，将来の予算期間における目標利益を達成するために必要な計画を貨幣額によって示した総合的な利益管理のための技法である。

ウ 予算編成の機能には，計画機能，調整機能，統制機能の3つがある。

エ 予算編成の方式には，トップダウン方式，ボトムアップ方式，折衷方式の3つがある。

オ 資金予算とは，長期の財務予算として，資金の調達と運用およびそれに付随する出納や保管に関する予算である。

| 第5問 | 次の**ア**〜**オ**は，カテゴリーマネジメントの基本的原則について述べている。正しいものには1を，誤っているものには2をつけなさい。 |

ア カテゴリーマネジメントは，カテゴリーの定義と役割の設定→購買促進企画の作成→サプライヤーとのパートナーリング→メインターゲットの設定→業績の評価・分析の順に実施する。

イ カテゴリーマネジメントは，本部で計画・実行されて初めて実績があがる。

ウ カテゴリーマネジメントは，売上と利益を向上させるための戦略的プロジェクトであり，プロセスではない。

エ カテゴリーマネジメントの実施にあたっては，アイテム（品目）を戦略的事業単位としてとらえる。

オ カテゴリーマネジメントでは，製配販三層が協調することで，より大きな効果を得ることができる。

| 第6問 | 次の**ア**〜**オ**は，コープランドによる消費財の分類とその特性について述べている。正しいものには1を，誤っているものには2をつけなさい。 |

ア 最寄品の代表的な商品には，衣服，家具，家電などがある。

イ 買回品は，規格化された量産型商品が多く，粗利益率は最寄品や専門品に比べて相対的に低い。

ウ 専門品は，粗利益率は高いが商品回転率は低い。

エ 消費者が専門品を購買する際は，商品や店舗情報を収集するなど最寄品に比べて商品購入の決定までに時間と労力をかける傾向がある。

オ 消費者が最寄品を購買する際は，買回品や専門品に比べてブランドロイヤルティやストアロイヤルティが強く影響する。

次の**ア**〜**オ**は，価格設定について述べている。正しいものには１を，
誤っているものには２をつけなさい。

ア 商品カテゴリーごとに，小売業が設定する価格の上限と下限の幅のこ
とを，プライスラインという。

イ プライスゾーンを設定するねらいは，商品カテゴリーごとの商品の価
格が全体としてアンバランスにならないように調整することにある。

ウ プライスライン政策においては，顧客の購買決定を容易にするため，
商品カテゴリーごとの品目を顧客のニーズに適合する価格帯に整理・分
類したうえで，商品の価格を設定する。

エ ある商品カテゴリーの中で，陳列数量が最も多く，最も売れている品
目につけた価格をプライスポイントという。

オ プライスライン政策が実施されると，顧客は価格比較が容易にできる
ようになり，購買決定がしやすくなる。

次の**ア**〜**オ**は，棚割について述べている。正しいものには１を，誤っ
ているものには２をつけなさい。

ア 棚割の実施フローにおいては，ディスプレイパターンを決定したあと，
フロアレイアウトの決定をおこなう。

イ 棚割とは，一定のゴンドラスペースにおいて，顧客が買い求めやすい
ように，商品を用途や機能別などのテーマ設定によって分類・整理し，
効果的な組み合わせをおこなうことを通じて，より多くの利益を獲得す
るための小売マネジメント手法である。

ウ 棚割の実施フローにおいては，ディスプレイを実施したあと，単品の
フェイシングをおこなう。

エ スケマティック・プラノグラムとは，カテゴリーごとの購買需要を予
測し，そのカテゴリーに適合する単品を選定し，それらを一定スペース
に最適に配置および入替えをすることによって収益性の向上をはかる購
買需要予測型棚割システムである。

オ セルフサービス販売方式を中心としてチェーン展開している小売業に
おいて，棚割を企画し決定しているのは，一般に，店舗における各部門
の責任者である。

第9問　次の**ア**〜**オ**は，小売業における主要な仕入形態について述べている。正しいものには1を，誤っているものには2をつけなさい。

ア　委託仕入とは，加工食品や日用雑貨品などの商取引で広く採用される取引方法である。

イ　委託仕入では，原則として買い手企業が保管責任を負うのに対し，消化仕入では，買い手企業は保管責任を負わない。

ウ　買取仕入とは，売り手が買い手に商品を引き渡すと同時に，当該商品の所有権が移転する取引方法をいう。

エ　消化仕入とは，売り手が自己の所有している商品を買い手に預け，それを販売するよう依頼し，買い手がその商品を販売したときに，その販売活動の代償として手数料を支払う取引方法をいう。

オ　集中仕入における仕入単価は，当用仕入における仕入単価より高くなる。

第10問　次の**ア**〜**オ**は，物流情報について述べている。正しいものには1を，誤っているものには2をつけなさい。

ア　ITFコードの標準バージョンは13桁である。

イ　仕入先企業が，各取引先チェーンストアからの受注に応じて，異なる単品を混載して出荷するオリコン（折りたたみ式コンテナ）には，一般に，JANコードが印字される。

ウ　仕入先企業が，各取引先チェーンストアからの受注に応じて品ぞろえする単品集合包装単位（カートンや段ボールなど）には，一般に，SCMラベルが貼付される。

エ　EDIとは，異なる企業間で，商取引のためのメッセージを，通信回線を介して標準的な規約を用いて，コンピュータ間で交換することである。

オ　ASNとは，仕入先企業が，チェーンストア本部を経由して，小売業の物流センターに通知する事前出荷明細データのことである。

答　え

第 1 問：1　1　2　1　2
第 2 問：2　2　2　2　1
第 3 問：1　1　2　2　1
第 4 問：1　1　1　1　2
第 5 問：2　2　2　2　1
第 6 問：2　2　1　1　2
第 7 問：2　1　1　1　1
第 8 問：2　1　2　1　2
第 9 問：2　1　1　2　2
第10問：2　2　2　1　1

92

第 3 章

ストアオペレーション

1 ストアオペレーション・サイクルの実践と管理

本節では，ストアオペレーション・サイクルをいかに能率的・効率的に実践し，いかに管理していくかについてみていく。

1-1 | 売上と利益向上を目指すストアオペレーション

小売店の運営において，効率的で効果的なストアオペレーション（店舗運営）をおこなうためには，①開店準備の業務，②日常の運営業務，③作業割当（ワークスケジューリング），④メンテナンス業務，⑤チェックアウト業務，⑥セールスプロモーション，⑦ミーティング，⑧閉店の業務といった各小売店舗でおこなわれる1日の業務を体系化したストアオペレーション・サイクルの確立が不可欠であり，綿密に決定された作業内容とワークスケジュールを組み立てることにより実施される。こうした個々のストアオペレーションの巧拙が顧客満足の向上に結びつくとともに，売上高や利益の向上として表れることになる。

小売業の売上高は，一般的に次の式によって求められる。

売上高 ＝ 客数 × 客単価

つまり，売上高を向上させるためには，いかにして買物客数を増やすか，いかにして1人当たりの購買金額を増やすかが重要となる。

また，小売業が本業によって稼ぐ利益を示す指標である営業利益は次の式によって求められる。

営業利益 ＝ 売上総利益（粗利益）－ 販売費および一般管理費

つまり，営業利益を高めるためには，いかにして売上総利益（粗利益）を高めるか，いかにして販売費および一般管理費を抑制するかが重要となる。

(1) 売上高の向上を目指すストアオペレーション

売上高を向上させることは，買物客数を増やすか，1人当たりの客単価を向上させることにより達成可能である。買物客数を増やすための具体的な方

法には，新規顧客を獲得すること，既存顧客のリピート率を向上させること
などがあげられる。新規顧客にはチラシ配布やサンプリング，ホームページ
や SNS などの広告による小売店の認知率向上が必要である。また，既存顧
客のリピート率をあげるためには日頃から既存顧客の満足度を高めておくこ
とが必要であり，再来店の動機付けをおこなっておく必要がある。

　次に，客単価を向上させるためには，1 人当たりの買上点数の増加と一品
単価の上昇が考えられる。買上点数の増加を目指す場合，一品単価がそれほ
ど高くない商品群を販売する小売店ではこの点がとくに重要となる。そのた
めにはたとえば，カテゴリーの異なる関連商品を並べて陳列することで衝動
購買を促す展示訴求型の手法である**クロスマーチャンダイジング**を効果的に
活用することなどの工夫が求められる。また，一品単価の上昇については，
単に商品価格を値上げするシンプルな方法もあるが，より戦術的には，ワン
ランク上の商品を買ってもらうアップセルへと結びつける方法などが考えら
れよう。

(2) 売上総利益の向上を目指すストアオペレーション

　売上総利益は次の計算式で求められる。

　　売上総利益 ＝ 売上高 × 粗利益率

　この式から，売上総利益を高めるためには売上高または粗利益率を高める
必要があることがわかる。粗利益率（売上高総利益率）を高めるためには，次
の 5 つの方法が考えられる。1 つめは仕入価格の引き下げである。取引先と
の価格交渉を通じて商品の仕入価格を継続的に引き下げることが可能となれ
ば粗利益率は向上する。

　2 つめはプライベートブランド（PB）商品の販売である。メーカーにとっ
て PB 商品は小売業側が全量を買い取るため売れ残りのリスクを負うことな
く，広告コストもかからず，販路開拓も不要となるうえに，工場の稼働率も
高まるため製造単価も安価に抑えることが可能となる。他方，小売業にとっ
てはナショナルブランド（NB）商品よりも安価で販売する PB 商品は差別化
商品となる。PB 商品は NB 商品を販売した際の粗利益率よりも高くなる傾
向があるため PB 商品の積極的な販売は粗利益率を向上させる。

3つめは値入率の高い商品の推奨販売である。小売業側が高めの値入をおこなった場合でもある程度販売が見込める高機能商品や独自性を持ったこだわり商品などの高付加価値商品を推奨販売することにより粗利益率は向上する。

4つめは値下げ・値引を減らすことである。過度な値下げや値引は値入率を引き下げることになるため，適切なタイミングでおこなう必要がある。

5つめは減耗を減らすことである。値引や値下げでは安価でも販売による資金回収がある程度可能となるが，汚損や破損，腐敗などによる廃棄や万引・盗難，紛失などの減耗が生じれば販売することができず資金回収が困難となるため，消費期限の近い商品の鮮度管理の徹底や万引防止対策などの減耗が生じない対策を講じることが不可欠である。

(3) 販売管理費の低減を目指すストアオペレーション

小売業の経営において発生するコストには，商品の仕入コストだけではなく，店舗運営において常時発生する人件費や店舗賃借料，広告宣伝費，水道光熱費などの販売管理費（会計上は販売費および一般管理費）と呼ばれるコストがある。小売店舗を運営するうえで発生するあらゆるコストを低減させる**ローコストオペレーション**が利益率を向上させるためには重要である。

たとえば，小売業ごとの粗利益に応じた適切な労働分配率と労働生産性の向上を目指したり，売上や粗利益に見合った適切な店舗賃借料の負担という視点で賃借物件を検討したり，費用対効果の高い広告宣伝を実施することで効果的な集客を目指したり，店舗の省エネ化による光熱費の低減を目指したりすることなどにより販売管理費を低減させることが可能となり営業利益は向上する。

1-2 発注システムの運用と管理

顧客に求められる売場の基本は，顧客が求める商品を必要な時に必要な量だけ提供できる品ぞろえができているかどうかである。こうした売場を実現するためには売れ筋商品の品薄や欠品防止と死に筋商品の速やかな排除が重要である。とくに売れ筋商品の適切な補充は販売機会ロスを回避するための重要な作業である。この補充業務は，定期発注方式と定量発注方式のいずれかの方法によりおこなわれるのが一般的であり，これを**補充発注**という。

また，この補充発注を効率的におこなうために，売場の従業員がモバイル端末等を利用して在庫状況を確認し，その端末から発注処理をおこなう **EOS**（Electronic Ordering System）による発注業務の合理化が図られている。

　小売店における日々の補充発注を効率的に進めていくためには，欠品という概念はきわめて重要になってくる。欠品には，**絶対的欠品**と**相対的欠品**の2つの考え方がある。絶対的欠品とは，売場の陳列棚やバックヤードなどに商品在庫が全くなくなった状態のことをいい，また，相対的欠品とは，売場の品目ごとに設定した最低陳列数量を下回った状態のことをいう。補充発注業務において，とくに重要なのは後者である。当然，店頭に全く在庫がない状態は避けなければならないが，ストアオペレーション上注意しなければならないのは最適な在庫をどのように維持するか，すなわち最低陳列数量をどのように考えるかということである。商品が売場の最低陳列数量を下回ると，顧客からは売れ残り商品であるとみなされるほか，店頭在庫が少なくなることで商品の視認率が下がり販売機会ロスにつながるおそれがある。売場担当者は商品カテゴリーごとの最低陳列数量を的確に把握し，相対的欠品状態に陥ることが無いよう適切なタイミングで補充発注作業を進める必要がある。そのためには商品ごとの発注リードタイムを考慮した補充発注作業が重要となる。

1-3 │ 商品の前出し作業と補充作業

　商品の**前出し作業**とは，最寄品などを取り扱うセルフサービス販売方式の売場において，陳列された商品が乱れた場合に商品を整理・整頓し，商品を棚の一番前に引き出し，平面に整えることで顧客に商品をみやすく，手に取りやすくするための作業である。これを**フェイスアップ**という。

　前出し作業の実施頻度は店舗の大きさや小売業態によって異なるが，スーパーマーケットやドラッグストアなどでは1日に4回程度，その他の小売店では最低でも午前と午後の2回以上おこなう。とくに売れ筋商品などの商品回転率の早い商品を陳列している売場やゴンドラエンドなどの顧客の立ち寄り率の高い売場を中心におこない，作業の実施においては次の点に留意する。①ゴンドラ最上段から下段に向かって左上から逆S字の流れでおこなうなどの統一的なルールを決めて実施する，②最低でも2列以上の商品を対象とし

て作業をおこない，ハンディモップを用いて商品の埃を取り除きながら実施する．③詰替え用商品などの斜めに重ねて並べられる量販商品は入店場所から良く見えるよう陳列する．④不良品や破損品などのチェックを実施する，⑤棚ラベルの位置やPOP広告のチェックを実施する．⑥欠品スペースには他の商品を置かず欠品理由や入荷予定日を記したカードを添えておく，などである。前出し作業はポイントを絞って1回5分から10分程度で素早くおこなうことが重要である。

　次に商品の**補充作業**とは，納品された商品を所定の売場に適正に陳列することであり，スーパーマーケットなどでは**品出し**と呼ばれている。商品の補充は，①商品が欠品した時，②商品が少なくなってきた時，③決められた時間帯におこなう。商品の補充をおこなう際，次の手順にしたがって実施する。まず最初に各売場を巡回して品薄や欠品状態にある商品をみつけ，あらかじめ決められた時間に決められた手順ですべての売場を対象に補充対象となる商品の選定をおこなう。次に，バックヤードや保管場所から入荷日時の古い商品から順に取り出して商品を運搬用カートに積載する。運搬用カートには，カートラックやカット台，2段カートやアルミトレイカート，アミカート，補助用カートやミニキャリアなどの商品の形状に適したカートを使用して売場に運搬する。店内に運搬した補充用商品は陳列（リセット）作業を先入先出法の原則にしたがっておこなう。補充の際，フェイシングと売場在庫数量が適正か，商品とプライスカードが一致しているかなどを確認しながら実施する。最後に，補充作業で不要になった段ボールやカートを片付けて終了である。

1-4 ┃ 戦略的ディスプレイとディスプレイ実施上の留意点

　ディスプレイの基本である商品を手前に前進させて立体的に見せる陳列の**前進立体陳列**は，顧客に商品がみやすく触れやすくし，売場にボリューム感や迫力感をもたらすねらいがあり，ゴンドラ陳列の基本ともいえる。しかし，それだけでは売場が単調な印象になってしまうため，時に**変形陳列**を用いて売場にアクセントをつけるなどの工夫をおこなうことがより効果的となる。変形陳列には次の4つがある。1つめは**プッシュアウト（突き出し）陳列**で

ある。この陳列方法は一列に並んだゴンドラ什器の陳列ラインよりも少し突き出す形で陳列する方法で，定番商品や関連商品，新商品や育成商品などに用いられる。2つめは**ウィング（翼型）陳列**である。ゴンドラエンドや平台のサイド部分に鳥の羽のように突き出す形で陳列する方法で，テーマ関連商品や認知度を高めたい商品，ついで買いを期待する商品や売れ残り商品などに用いられる。3つめは**ステップ（ひな壇）陳列**である。3段以上の階段状に積み上げて陳列する方法で，トレーパック商品や箱物，缶詰などの積み重ねても変形しない商品などに用いられる。4つめは**パイルアップ（積上げ）陳列**である。商品を組み合わせながら垂直に高く積み上げる陳列方法で，安定感があり積み重ねられる商品に用いられる。こうした変形陳列は売場の主要な陳列方法の中で20%程度に抑えなければならない。

次に，様々なディスプレイ・パターンにおける実施上の留意点についてみていく。

① 前進立体陳列（フォワード陳列）

セルフサービス販売方式を主体とする店舗では，商品の販売動向に応じて陳列平面の後退部分を定期的な前出し作業によって修正しなければならない。なお，商品補充の際には商品のロス化を防ぐため，新しく仕入れた商品を後方に陳列する**先入先出法**を徹底しなければならない。筒形や縦長の商品は仕切り板や支え板などの補助具を用いて転倒や崩れを防ぐ必要がある。

② **カラーストライプ陳列**

売場に数種類の色の商品を集めて同色ごとの縦型陳列を作り，陳列面に縦縞模様を作ることで色のまとまりを全体的に訴求するカラーストライプ陳列は，商品の魅力を打ち出し顧客の注目を引き付けることを狙いとした陳列方法で，セルフサービス販売方式を用いる店舗で広く用いられる。スーパーマーケットの青果コーナーでは仕切り板や仕切り棚を用いて野菜の色ごとに色鮮やかな陳列がおこなわれるなどしている。青果部門などでは赤・白・黄色を**アクセントカラー**として用いることで顧客を引き付けるマグネット効果が発揮される。

③ **コーディネート陳列**

家具店やアパレルショップ，スポーツ用品店などストアコンセプトを強く

主張する専門店で用いられるコーディネート陳列は，生活の様々な場面に合わせて販売促進テーマを設定し，色やデザイン，イメージなどの統一された関連商品を陳列することである。たとえば，男性のビジネスシーンでは，マネキンにシャツやネクタイ，スーツに靴やカバンなど異なる商品をトータルにコーディネートすることで商品の機能や用途，使用場面を明確にイメージできるような陳列がおこなわれる。

④ ハンガー陳列

主にファッション衣料品業界などで用いられ，限られた売場スペースを有効に活用するため，あるいは商品の特徴を最大限に引き出すためなどに用いる陳列方法である。ハンガーを用いたディスプレイ・パターンには，商品をハンガーにかけてみせるハンギング，商品の正面をハンガーにかけてみせるフェイスアウト，商品の袖部分を見せるようにし，狭い店内でも多くの商品を並べることを可能にするスリーブアウトなどの方法が用いられる。

1-5 ┃ 棚卸の目的と実施プロセス

小売店における日々の業務において，たくさんの商品が納品され顧客がその商品を購入する。こうした一連の流れが多くなればなるほど帳簿上の在庫量と実際の在庫量との間には離齬が生じてくる。こうした離齬が発生する原因には，万引きによるもの，商品と伝票の不一致によるもの，値下伝票の発行漏れによるもの，不正によるもの，レジ登録ミスによるもの，移動返品処理の誤りなどによる棚卸ロスがあげられ，これらを放置した場合には，売場の正確な実在庫がわからなくなったり，適正な在庫コントロールができず，利益管理ができなくなったりという問題へと発展する。こうした問題を回避するために，定期的に実際の商品の在庫高を棚卸によって確認する作業が必要となる。在庫管理の方法には金額で管理するダラーコントロールと数量によって管理するユニットコントロールがあるが，この両者による管理が重要となる。

棚卸は1人でおこなうのではなく，棚卸責任者，棚卸実施運営者，計画・前準備・進行責任者全員のチームでおこなうべきものである。実際の棚卸作業では店舗運営を一時的に停止した状態でおこない，限定した時間内に終えるための前準備は入念に実施しなければならない。実際の棚卸作業のプロセスでは，

次のようにおこなわれる。まず，①棚卸実施日の出勤者の確認，②棚卸実施日の組数に入らない人員の確保（受付や事務などの業務対応），③予備人員の確保(病欠への対応として2～3名確保)，④棚卸人員の組み合わせの決定(2人1組)，⑤売場別の投入組数の決定（前回の作業終了時間データに応じて人数を調整），⑥決定した棚卸組み合わせの全従業員への周知，という流れでおこなわれる。

棚卸作業に際して，棚卸前日までに値札落ちがないか，値札は正しいかを確認し，半端商品や返品商品は1か所にまとめるなど売場の整理をおこなう。また，バックヤードを整理では，部門別にまとめて整理したり，バラ物は売場へ，半端や不良品はマネジャーが管理し，棚卸不用品には棚卸不要ステッカーを貼付するなどして正確な棚卸をおこなうための準備が必要である。

1-6 │ レジチェッカーの役割

小売店におけるレジでのチェックアウト業務は顧客が買い物の最後に立ち寄る場所であるとともに従業員と顧客とのコミュニケーションがおこなわれるストアオペレーションの中でも重要な場所であり，役割を担っている。それゆえ，レジでの接客マナーや接客応対が顧客への満足度に直接影響することになる。レジでの接客マナーには次のようなものがある。

①正しい姿勢，笑顔でのアイコンタクト，手の位置への注意，②決められた身だしなみ，③決められた用語，④商品の丁寧な取り扱い，⑤公平な接客サービス，⑥よくみえる位置に名札を付ける，⑦金銭の丁寧な受け渡し，⑧待機中は無駄話をしない，⑨返品や交換は決められたルールに従う，⑩商品特性に配慮した袋詰め（硬下柔上），⑪開店時と閉店時のレジ点検業務は入念におこなう，などがある。

さらに，顧客への直接的な接客応対だけではなく，アイコンタクトも重要な要素である。レジのチェッカーはレジ待ちをしている顧客に対しても意識を向けなければならない。たとえば，どのくらいの人が列に並んでいるのか，列に並んだ顧客の買い物の量や表情にも目配せをしながら対応しなければならない。こうしたアイコンタクトにより，直接言葉をかけなくても顧客は安心することができる。また，顧客の年齢や性別に応じた気配りやつり銭の渡し方，買い物カゴへのチェックアウト商品の整理の仕方も重要である。

COLUMN 7：包装の目的と和式進物包装

　商品を顧客の元に確実に届けるためには，その価値や状態を低下させないための適正包装が求められる。包装には，個々の物品に施される「個装」，個装を外部の圧力から保護する「内装」，保管や輸送に必要となる最も外側の「外装」に分けられる。包装の最も基本的な役割は内容物の保護にあるが，それだけではなく，流通上の商品の取り扱いのしやすさ，販売単位の形成，商品価値を高める装飾的な役割など多岐に及んでいる。

　日本では，結婚や長寿などの祝い事全般の慶事（祝儀）だけでなく，入院や葬儀などの弔事（不祝儀）の場合にも商品を贈答する文化があり，こうした進物を取り扱う小売業ではその対応が求められる。商品の代表的な包み方には，斜め包み（回転包み），合わせ包み（キャラメル包み），ふろしき包み（スクエア包み），斜め合わせ包みの4つの方法が用いられ，商品の形状や用途によって様々な使い分けがなされる。

　以下では，包装された商品に送る人の思いを込めた日本独特の包装である和式進物包装についてみていこう。要点となるのは，①表書き，②水引き，③のし，④掛け紙，の4点である。

　まず，表書きとは，「祝御結婚」「還暦御祝」など進物の趣旨を伝えるために記載するものである。慶事の場合には濃墨で書き，弔事の場合には薄墨で書く。次に，水引きとは，進物包装や祝儀袋の表に用いられる飾り紐のことで，結び方には蝶結びと結び切りの2種類がある。前者は簡単に解くことができる結び方から何度あってもうれしい出産や進学など慶事（結婚以外）に用いられる。また，後者は中央で固く結ばれ，一度結ぶと解くことが難しいことから，二度と繰り返してほしくない結婚や病気見舞いなどの場合に用いられる。慶事の場合には紅白，金銀，弔事の場合には黒白，銀白，黄白の水引きが用いられる。

　次に，のしとは，もともとアワビ貝を薄くのして干したもので，包装の右上に貼付するものである。鮮魚や生鮮品には不要であるが，生もの以外の贈り物にはのしを付けるのが一般的である。最後に，掛け紙とは，上記の表書き，水引き，のしを添えた紙で，正式には檀紙や奉書紙が用いられる。掛け方は慶事の場合，裏返した贈答品の外装の天地に対して，向かって右側を上に重ねる「右前（右扉）」と，弔事の場合，向かって左側を上に重ねる「左前（左扉）」という方法がある。

2 戦略的ディスプレイの方法

本節では，補充型陳列や展示型陳列，ビジュアルマーチャンダイジングなどの戦略的ディスプレイの方法や留意点などについてみていく。

2-1 補充型陳列（オープンストック）

補充型陳列とは，使用頻度や消耗頻度，購買頻度の高い定番商品である最寄品などを効率的に補充し，継続的に販売するための陳列手法である。セルフ販売方式を主体とした小売店の多くで採用されるこの方法は，顧客にとってみやすく，選びやすく，手に取りやすくするための合理的な陳列方法である。また，小売店にとって，売場を管理しやすく，販売数量を増やしやすく，商品管理をしやすくする機能的な陳列方法でもある。

補充型陳列をおこなう際には以下の点に留意する必要がある。①前進立体陳列にすること，②安定感や清潔感のある陳列をすること，③最上段の陳列する高さを統一すること，④陳列パターンを決めておくこと，などである。

2-2 縦割陳列の展開

縦割陳列とは，ゴンドラの中で同じ種類の商品やカテゴリーの商品をみやすい陳列幅の中に縦に陳列する方法である。心理学的見地にもとづく時，至近距離における人間の視野はおおよそ 90 ～ 120cm（1 ゴンドラの幅）の範囲が限界といわれ，また顧客が立ち止まってゴンドラから商品を探す場合，横（左右）ではなく縦（上下）に目線が動くことが多いといわれることを考慮し，用途や機能別，ブランド別などの基準により商品をグルーピングし，容量の小さい商品はゴンドラの上段へ配置し，順に容量の大きい商品になるにしたがって下段へ配置するのが一般的である。

縦割陳列のメリットは，商品を色ごとにコントロールできるため，顧客の注目度を高めることができたり，商品の比較選択が容易になったり，カテゴリー別，サイズ別に陳列するために面展開による立体感や豊富感が出せたり，

重点的に販売したい商品を意図的にゴールデンラインに配置したりすること
ができるなどがある。

2-3 | フェイスとフェイシングの違い

　箱型の商品の場合，商品の面は6面あるが，このうち顧客に商品の価値を
最も適切に伝えられる面，またはどの面を向けて陳列すれば，陳列や補充，
整理などの業務上の効率性が高まるかを踏まえた商品の顔にあたる面のこと
を**フェイス**という。このフェイスがゴンドラに整然と並べられている売場に
は安定感や豊富感が生まれる。また，ゴンドラへの陳列上，重要となるのが
このフェイスを横または縦にいくつ並べるかということである。たとえば，
同じ商品を同じ棚に横に3つ並べた場合には3フェイス，5つ並べた場合に
は5フェイスとなり，最適な数量を横または縦に並べる配列技法のことを
フェイシングという。このような並列的陳列数量は多くなればなるほど顧客
への訴求力は高まり，販売数量を大きく変化させる要因ともなる。ただし，
フェイシングは広げれば広げるだけ売り上げが高まるというわけではなく，
ある一定のフェイス数を上回ると売上効果が逓減する場合もある。また，商
品によっても効果的なフェイシングは異なるため，単品ごとの効果的なフェ
イシングを考慮することが重要である。

2-4 | フェイシングとは

　フェイシングとは商品を効果的に販売するための棚割の一手法である。棚
割はゴンドラに陳列されたすべての商品を適正に配置し，ゴンドラ全体の販
売効率を高めるためのスペースマネジメントの一部であり，フェイシングを
決定する基準には，過去の販売実績によって傾向を把握する方法やPOSデー
タにもとづく需要予測によってフェイシングを決定することが一般的であ
る。補充型陳列において最も重要なことは，消費者ニーズの把握を常におこ
ないながら消費者ニーズの強い商品（単品）を多フェイス化することで購買
率は高まる。ただし，消費者にとって価値が感じられなくなった商品はフェ
イス数を拡大しても，大幅な価格変更をしない限り購買率は変化しないこと
もある。

2-5 │ 補充型陳列の事例

セルフサービス販売方式を採用する食品スーパーマーケットなどでは，次のような大量販売型のディスプレイ・パターンが用いられる。

①単一ブランド単独訴求型陳列よりも単一ブランド集合訴求型陳列の方が売れる，②少数ブランド単独訴求型陳列よりも多数ブランド複合訴求型陳列の方が売れる，③大量陳列にすると売れる確率が高まる，④同一商品でも高さや置く場所によって販売動向は変化する，などが経験的に売上を増やすディスプレイ・パターンとして知られている。

2-6 │ 補充型陳列の原則

(1) 顧客の「買い物の順序」における陳列の原則

顧客にとって買い物がしやすい売場を作るためには，小売店に顧客が来店してから買い物が終わるまでの行動を考慮した売場づくりが必要となる。大まかにいえば，来店し，商品を探し，商品を見て，商品を選んで，商品に触れて，商品を購入する，という流れである。

商品陳列において，2つの段階に分けて考えることができるだろう。

1つは顧客が来店して商品を探す段階であるが，ここでは入店後，顧客の目に留まるゴンドラエンドや主要通路の突きあたりなどに季節感を打ち出したマグネット商品を陳列し，顧客を引き付けることが必要である。

2つめは，顧客にとってみやすく，選びやすく，手に取りやすい陳列にすることであるが，そのためには適切な陳列幅を決定する必要がある。たとえば，あるゴンドラ什器の手前50cmの位置に顧客が立ってゴンドラの商品を選ぶ時，そこから見渡せる範囲は約120度といわれる。このように考えると，ゴンドラ什器の幅の限界は1.5〜2mが限界となる。

次に，顧客が商品を選ぶ際，みやすい位置というものがある。，ゴンドラ什器の前に立った時に商品がみやすく，触れやすい位置を**ゴールデンライン**または**手線**，**腰線**と呼び，床上85〜125cm程度の高さをさす。この高さが顧客の手が容易に届く範囲であることから商品の購入確率が高いスペースと

いえる。ゴンドラ什器の高さは売場面積や販売方法によっても異なる。たとえば，大型ホームセンターやディスカウントストアなどでは壁面に180cm以上のゴンドラが配置されるが，コンビニエンスストアなどでは主に135cm程度のゴンドラが配置される。いずれの場合でもゴールデンラインでは，商品がみやすく，選びやすく，手に取りやすい陳列位置となり，それより高い位置や低い位置は商品がみにくかったり，手に取りにくかったりする。このような陳列位置への配慮も必要である。

(2) サイズ区分

　商品のディスプレイにおいて並べる商品の大小により異なるディスプレイ・パターンをとる。たとえば，1つの什器内でサイズが違う商品を陳列する場合，上段に小さな商品を配置し，下段に進むにしたがって大きな商品を陳列すると安定感が出て，商品が見やすくなる。また，1つの棚の中でサイズが異なる商品を陳列する場合，左側から小・中・大と陳列するとみやすくなる。さらに，平台やテーブルなどを用いた陳列においては，顧客の立つ通路側から小・中・大と後ろになるにしたがって次第に大きな商品が並ぶように陳列するとみやすくなるなどがある。

(3) ハイターン・ローストックを実現させる陳列方法

　ハイターンとは，ある商品が販売されて再び同じ商品が納品されるまでの期間の回転が速いことを意味する。また，**ローストック**とは，少ない在庫で経営をおこなうことを意味する。こうしたハイターン・ローストックの原則に則って売場づくりをおこなうことが重要である。

　ハイターン・ローストックを実現させる陳列方法には，前進立体陳列と**上げ底陳列**がある。前進立体陳列とは，商品を什器の最前列まで引き出す陳列方法で，ボリューム感や迫力感を与える陳列である。また上げ底陳列とは，売れ筋商品などの重点商品の陳列数量を多くして，売場にボリューム感や迫力感を出す陳列方法である。ただし，あらゆる商品の陳列数量を増やすことは売れ残りのリスクを高めることになるため，重点商品の一部には陳列台にアンコと呼ばれる底上げをおこない，適量であったとしても視覚的に商品の

豊富感を演出する陳列方法がある。

2-7 補充型陳列の方法

　定番商品のゴンドラ陳列や特売商品のエンド陳列を戦略的に実施するためには次のような方法がある。

　まず，ゴンドラ陳列においては，ブランド認知度の高い商品と低い商品への視認率の違いを考慮して，ブランド認知度の高い商品をゴンドラの中心に配置し，その両脇にブランド認知度の低い商品を配置する方法がある。また，ブランド認知度の低い商品に注目を集めるために通常よりもフェイス数を増やして配置し，その両脇にブランド認知度の高い商品で挟んで配置することで顧客の視線が向くようにする方法などがある。

　ゴンドラエンドへの効果的な陳列方法では，①**育成商品中央配置型陳列**，②**ダブルアタック型陳列**の２つの方法がある。前者は，上２段の中央に育成商品を広めのスペースで陳列し，最上段の育成商品は高い位置に置くことでサンプル陳列の役割を与えて注目率を高め，２段目に陳列した育成商品を販売促進の対象とする。他方，左右のスペースでは最上段に訴求テーマに関連する補完的な商品を陳列し，２段目には訴求テーマに適した最も主要な商品を陳列する。下段のスペースには，比較的売れ筋の商品をひな壇形式で大量陳列し，ゴンドラエンドへの立寄率を高める方法である。

　次に，後者は，売り込みたい新商品と売れ筋商品を互いに挟み込む陳列方法である。たとえば，上段をPRゾーン，中段を推奨ゾーン，下段をお買い得ゾーンの３段構成の陳列とした時，上段では新商品Aを中央に配置しその両側を売れ筋商品aで挟み込む。中段では売れ筋商品Bを中央に配置し，その両側を新商品bで挟み込む。下段では新商品Cを中央に配置し，その両側を売れ筋商品cで挟み込む。PRを意図した上段では中央にある新商品の視認率が高まり，推奨ゾーンを意図した中段では売れ筋商品から視線をずらすと新商品へと注目が集まり，お買い得ゾーンの下段では低価格の生活必需品を対象とすることなどにより立寄率を高めることが期待できる。

COLUMN 8：ディスプレイの基本的パターン①
（陳列什器の形状による分類）

ディスプレイには，商品の形状や陳列什器の種類や形状，売場の広さや販売方法などの組み合わせによって様々なパターンが生じる。ここでは，陳列什器の形状による9つの基本的なディスプレイ・パターンについてみていく。

① **平台陳列** … 売場で商品を平らな台の上に陳列して販売する方式である。書店や食品スーパーなど衣食住のあらゆる分野で多く用いられる。視認性が高くなるため顧客を誘導しやすくなるという効果が期待できる。

② **ハンガー陳列** … ハンガーを用いた陳列方法で，アパレルショップなどで用いられる。商品のたたみ直しの手間が省け，顧客が商品を手に取りやすく商品全体をみやすい特徴がある。

③ **ゴンドラ陳列** … 棚のついた陳列什器を用いて商品のフェイス部分をみせて陳列する方式である。ホームセンターやドラッグストアなど多くのチェーンストアで使用している。

④ **フック陳列** … 商品をフックにかけて陳列する方式である。吊り下げられた商品はみやすくてにとりやすい。また，在庫確認がしやすいのが特徴である。

⑤ **ボックス陳列** … いくつかの箱を積み重ねたような仕切りのついた什器に，一定の分類基準に沿って陳列をする方式である。商品の色やサイズで分類しやすく，陳列のテーマ設定が容易にわかるという特徴がある。

⑥ **ショーケース陳列** … ガラスやアクリルの透明ケースの中に商品を並べた状態で陳列する方式である。主に対面販売方式の店舗で用いられ，清潔感を演出できる。ショーケース陳列には，ウィンドタイプ，カウンタータイプ，アイランドタイプなどのタイプがある。

⑦ **エンド陳列** … ゴンドラエンドと呼ばれるゴンドラの両端に特売品や季節商品，価格訴求商品やPR商品などを大量に陳列する方式である。ゴンドラ什器を用いる店舗で利用される。

⑧ **ステージ陳列** … 売場に特設ステージを作り，そこに商品を並べる陳列方式である。店内に集視ポイントを作るねらいがあり，ショーウィンドウのような役割を果たす。

⑨ **カットケース陳列** … 周品の輸送に用いられていた梱包資材をそのまま什器として活用した陳列方式である。安さを訴求するディスカウントストアなどの量販店で用いられる。

2-8 | 展示型陳列（ショーディスプレイ）

　展示型陳列とは，買回品や専門品のなかでも推奨すべき特定の商品をショーウィンドウやステージなどを活用して演出的に陳列する方法である。季節商品や流行商品などを用いて小売店のテーマに沿ったイメージを作り出すための陳列方法で百貨店や専門店などの対面販売方式を採用する小売店などで多く用いられる。

　展示型陳列にあたっては，商品特性を的確に表現し，何が重要であるかを顧客に適切に認知させ，展示型陳列のショーマンシップ（演出効果）を最大限に発揮できるよう活用することが重要である。展示型陳列が効果的になればなるほど視覚的に売場全体に審美性の向上や躍動感が生まれる。また，展示型陳列の変更に伴ってフロアゾーニングやフロアレイアウトの見直しも随時おこない，顧客の注目を集める場所で計画的かつ継続的におこなう必要がある。展示型陳列の具体的な例は**図表** 3.1 の通りである。

図表 3.1　展示型陳列の具体例

陳列名称	陳列方法
着せつけ陳列	マネキン人形などに衣料品を着せつけ，装着感を訴求する陳列方法
吊り下げ陳列	天井などから商品を吊り下げる陳列方法
掛け陳列	マネキンやトルソーなどの商品を掛けたり，着せつけたりする陳列方法
貼りつけ陳列	壁面やボードなどに商品をピンで張り付ける陳列方法
スタンド陳列	スタンドハンガーを用いるディスプレイ方法
シンボライズ陳列	商品と訴求テーマによって陳列のねらいを象徴的に表現する陳列方法
ドラマチック陳列	物語の 1 コマのような表現のなかで商品に興味をひかせる劇的な表現形式による陳列方法

出所：筆者作成

2-9 ビジュアルマーチャンダイジング（VMD）への取組み視点

　ビジュアルマーチャンダイジング（Visual Merchandising：**VMD**）とは，視覚的商品演出方法のことで，小売店のマーチャンダイジングを視覚的に訴求することである。VMD は「企業の独自性を表わし，他企業との差異化をもたらすために，流通の場で商品をはじめすべての視覚的要素を演出し管理する活動である」（日本ビジュアルマーチャンダイジング協会）と定義されている。すなわち，顧客にとってみやすく，選びやすく，買いやすい季節性や流行性に富んだ売場を，色彩や照明，什器や商品構成，陳列などのあらゆる視覚的効果を駆使して演出することである。

　VMD の展開において，内外装，什器・備品，装飾具，照明などのハード面と，フロアゾーニングやフロアレイアウトの設計，陳列パターンの選定，POP 広告，商品のカラーコントロールなどのソフト面による展開がある。

　買回品や専門品などの商品の購入に際して，顧客は「AIDMA の原則」にもとづく行動，すなわち A（Attention：注目），I（Interest：興味），D（Desire：欲望），M（Memory：記憶），A（Action：行動）にしたがって購入の意思決定を進めるため，これに即した VMD の展開が求められる。

　なお，VMD の展開は 3 つの階層でおこなわれる。まずは**ショッププレゼンテーション**（SP）である。これは，店内の売場の 1 つにパネルなどで囲みを作り店内専門店化（ショップインショップ）をおこなったり，ショーウィンドウや店内のステージなどの売場で総合的に商品をみせたりする方法である。次に**コーナープレゼンテーション**（CP）とは，売場の 1 角をコーナー化し，平台やテーブルを置き，その上に特定のテーマにもとづく商品を様々な形式で飾りつけすることによって演出する方法である。最後に**アイテムプレゼンテーション**（IP）とは，1 つのスペースに特定の商品を訴求するための演出場所を用意し，色彩の強調や陳列パターンに工夫を凝らして強烈に訴求する演出方法である。

　このような視覚的に訴求する VMD への取組みは顧客の購買意欲をかきたてることによる売上向上が目的であり，多くの小売店で積極的に導入されている。

COLUMN 9：ディスプレイの基本的パターン②
（販売方法の特徴による分類）

　ここでは，販売方法の特徴による9つの基本的なディスプレイ・パターンについてみていく。

　① **前進立体陳列** … 商品を什器の最前面に置き，商品のフェイス部分を手前（顧客側）に揃えて，立体的にみせる陳列方式である。商品がみやすく，選びやすく，手に取りやすいうえに商品の豊富感が演出できる。

　② **先入れ先出し陳列** … 陳列された商品の鮮度維持のために賞味期限や消費期限の近い商品や入荷時期が古い商品から手前（顧客側）に陳列し，新しい商品を奥に補充することを徹底する陳列方式である。前進立体陳列と組み合わせて用いられる。

　③ **ジャンブル陳列** … 投げ込み陳列とも呼ばれ，価格訴求商品などを大量にワゴンやバスケットに入れて陳列する方式である。陳列の手間を省けるうえに，顧客は手に取りやすいため衝動買いを起こさせやすい。

　④ **コーディネート陳列** … 用途や客層，購買頻度などのテーマに沿った複数の異なる商品を関連付けて陳列する方式である。店舗側が考えるテーマに対する提案を顧客に伝えることで商品や売場のイメージアップを図るねらいがある。

　⑤ **オープン陳列** … 裸陳列とも呼ばれ，消費者が商品に直接手で触れて，確かめたうえで選択購買できることを可能とした陳列方式である。

　⑥ **サンプル陳列** … 商品サンプルを店頭に陳列し，在庫は別スペースに保管しておく陳列方式である。ディスプレイ作業の手間を省き，顧客に商品の組み合わせをみせたり，使ったときの様子を示したりすることができる。

　⑦ **レジ前陳列** … レジ前のスペースに棚を設けて商品を陳列する方式である。買い忘れや季節商品を訴求する場所として最適であるとともに，顧客がレジ待ちをする手持無沙汰な時間を利用して衝動購買を誘発させる工夫などもみられる。

　⑧ **アイランド陳列** … 島陳列とも呼ばれ，定型的に配置された陳列とは別に，通路上に独立して置いた平台やショーケースなどを用いて陳列する方式である。店内を回遊する顧客の注目を集める狙いがある。

　⑨ **壁面陳列** … 壁面を利用した陳列方式で，床面から天井まで自由な装飾やディスプレイが可能となり，商品の豊富感を強調することができる

3 作業割当の基本

　本節では，従業員が効率的に業務を遂行するためのワークスケジューリングや適正配置の重要性について確認し，小売業の現場で働くパートタイム労働者の活用方法についてみていく。

3-1 ┃ ワークスケジューリングの基本知識

　一般的に小売業は労働集約型産業と呼ばれる人間の労働力による業務に頼る割合が大きい産業であり，製造業に比べると圧倒的に利益率が小さい経営組織体である。とりわけ,青果店や酒販店,書店などの中小零細の業種店では，人件費などの固定費が占める割合がきわめて高く，人件費を増やすか減らすかで小売店の利益は大きく変化する。すなわち，従業員数や1人当たりの生産性の多寡が利益の増減に直結する。昨今,小売業において AI 技術や DX（デジタルトランスフォーメーション）の導入・推進により，人手を介さなくてもできる作業が増えてきたとはいえ，一部の企業を除いては,まだまだ人手に頼った経営が主である。そこで小売業では，1人の従業員が1時間働く時の生産性を高めることが重要な指標となる。これを人時生産性という。

　人時（マンアワー） とは，ある作業の始まりから完了するまでに要する従業員の手間を労働時間で表すことである。たとえば，7人時といった時，ある作業に1人で取り組めば7時間かかるということを意味し，**人時生産性** を高めることは従業員1人が1時間当たりに稼ぎ出す粗利益高を高めることをさす。

　人時生産性は次の式によって表される。

$$人時生産性 = \frac{粗利益高}{総労働時間}$$

　当然のことながら，効率的な経営を目指す小売店ではこの人時生産性を高めることが利益向上に直結することになるため，従業員の作業の効率性を高めるための作業割当（ワークスケジューリング）を整備して，従業員全員がこれにもとづき行動することが重要となる。

まず，小売業では売場規模に対して適正な利益を生み出すための最適な作業人員の構成を示す**作業割当表**を作成する必要がある。作業量に応じた時間帯別の必要作業と必要人数を割り出して適切に配置した作業割当表を作成することによって，特定の従業員への業務の集中を防ぎ，従業員間の仕事量の均衡を図ることができるようになる。

なお，適正な人員配置がおこなわれていない場合，作業量に見合わない余剰人員や人員不足が生じる可能性がある。来店客が多く訪れる時間帯や曜日，地域行事の開催状況や競合他店の販売促進状況などの小売店の実情や小売店を取り巻く状況を踏まえた作業割当表を作成する必要がある。

作業割当表の作成に当たっての検討事項として，重点作業を優先し，突発的な事態にも対応できる余裕を持った作業配置をおこない，従業員の作業の習熟度や知識を把握し，週間ベースでの作成をすることが重要である。

3-2 パートタイム労働者の活用方法

総務省統計局の「労働力調査（詳細集計）」によると，2021 年（令和 3 年）には雇用者数 5,629 万人のうち，非正規雇用者約 2064 万人と非正規雇用者の割合が 36.7 ％を占めている。これまで正規労働者の雇用が安定的に確保されてきた一方で，非正規雇用や有期雇用という形態が労働市場の需給調整弁として機能し，1990 年代以降急速にその数を増やしてきた。非正規雇用者の中には，アルバイトやパートタイマー，派遣社員，契約社員のように異なる呼称が用いられることがあるが，パートタイム・有期雇用労働法（2020 年 4 月施行）によれば「1 週間の所定労働時間が同一の事業所に雇用される通常の労働者の 1 週間の所定労働時間に比べて短い労働者」をいい，上記の非正規雇用者はいずれもパートタイム労働者（短時間労働者）ととらえられる（第 5 章参照）。

小売業では，このようなパートタイム労働者の活用を積極的に進め，時には一定の責任と権限を与えて小売業としての成果を上げる企業もある。

小売業がパートタイム労働者を活用するメリットには，正規社員に比べて人件費が安かったり，期間を定めた有期契約を結ぶことができたり，必要に応じて労働力を確保することができることなどがあげられる。他方，デメリットとしては，正規社員に比べて拘束力が弱く長期的戦力になりにくいことや

主婦や学生など本業を持つため，働く時間や日数が制限されるなどがある。

　このようなパートタイム労働者にモチベーションを与えて戦力として働いてもらうためには，処遇面の配慮やマニュアルの整備，教育訓練などが求められる。

　処遇面への配慮では，職場での人間関係の悪化が原因でパートタイム労働者が退職したり，働くモチベーションを低下させたりしないよう，正規社員を交えた定期的なミーティングや話し合いをおこなうなどの円滑なコミュニケーションの場を作ることが重要である。また，処遇面においては，熟練のパートタイム労働者には実績に応じた時給アップの機会や表彰制度を導入するなどのインセンティブを与える機会を設けることが必要である。さらに，働く者の個々の事情に合わせた融通の利く勤務シフトを受け入れるなどの配慮が必要となる。社内意識においても，正規社員とパートタイム労働者とのあからさまな区別をつけないようにするなどして，勤労意欲を減退させないような工夫が必要である。

　次に，マニュアルの整備である。チェーンストア経営をおこなう小売業や外食産業などではパートタイム労働者がすぐにでも仕事を始めるための作業別マニュアルの構築が必要不可欠である。作業別マニュアルには，作業の①目的（なぜこの作業が必要か），②方法（どうやっておこなうか），③手順（どのような順序でおこなうか），④道具（何を使っておこなうか），⑤量（どれくらいおこなうか），⑥質（どの程度おこなうか），⑦期限（いつまでにおこなうか）などの手順や方法を文書化したものが整備されており，これにしたがって作業をおこなうことで平準化された業務を誰でもこなせるようになる。

　また，パートタイム労働者が小売業で働くための教育訓練をおこなう場合，実際の職場（現場）で実務を身につけさせるための教育訓練をおこなう **OJT**（On the Job Training）と職場以外の研修施設で教育訓練をおこなう **Off-JT**（Off the Job Training）のいずれかの方法によりおこなわれる。こうした，パートタイム労働者を活用するための仕組みづくりは小売業にとってきわめて重要である。

4 LSP の役割と仕組み

　本節では，LSP の基本原則や LSP による効果的な店舗運営の実践，LSP を活用していかに発注作業を改善できるかについてみていく。

4-1 ┃ LSP の目的と実施計画

　LSP（レイバースケジューリングプログラム） とは，科学的データにもとづいて「誰が」，「何時から何時まで」，「どの作業を」，「どの程度」おこなうかについて作業管理や作業人員管理をおこなうための基本的な仕組みのことで，**作業割当計画**ともいわれる。小売業のマネジャー（店長やチーフ）が従業員の週間勤務を計画する際に用いる考え方である。

　通常，仕事量に見合った人員を配置するということは当然のことと考えられるが，これまで実際の小売業の現場では，作業に人を割り当てるのではなく，その日に出勤している人に作業を割り当てるという逆転現象が頻繁に起きていた。これでは様々な無駄が発生し，不必要な人件費が発生してしまうことになる。これまで小売業の多くでは経験と勘を頼りに作業割当がおこなわれてきたが，これでは，効率的な店舗運営はできない。そこで注目されたのが LSP の考え方である。

　現在，LSP は様々な業種・業界で用いられるが，小売業や流通業界で LSP が注目され始めたのは，1980 年代に入ってチェーンストアが急成長を遂げていたころに遡る。本格的なチェーンオペレーションの導入と成長を目指す小売業にとって徹底的な業務の効率化が急務であり，無駄な作業の排除を目指すためのツールとして LSP が注目された。さらに，近年では POS システムなどの情報管理技術の発展と普及により，販売データなどの詳細な情報を把握できるようになったことから予測の精度も高まり，多くの小売業で LSP の導入が進んでいる。すなわち，小売業が自店の作業と作業量を明確に把握し，それら作業ごとに必要とする従業員と適正な作業人数を振り分けることを目指すのが LSP 導入の本意である。

LSP の基本的な目的は次の２つである。１つは，現状の人員を可能な限り増やすことなく，顧客へのサービス水準をいかにして維持または引き上げることができるかである。もう１つは残業時間の削減やパートタイム労働者への単純作業の移行とそれに伴う売場の主任クラスが知的労働の時間を持てるようにすることである。LSP がどのような方法でおこなわれるかは様々であり，部門ごと，たとえばレジ部門での LSP やグローサリー（加工食品や日用雑貨）部門の LSP，生鮮食料品部門での LSP など，別々の方法でおこなわれる。LSP を導入するうえでは，作業をシステム化することや作業を標準化すること，作業の発生をどこまで予測できるようになるかという点に留意する必要がある。

　LSP の実施計画段階では，まず労働生産性を把握することから始める。そのためには，店舗作業を管理しやすいように部門ごとの作業を１つひとつ分類し，作業の始点と終点を明確に定めて必要作業時間を測定する必要がある。次に作業の分類ごとにどれだけの人時が必要になるかという人時生産性を調査し，作業分類ごとに基準とする人時である **RE 値**（Reasonable Expectancy）を求める。RE 値とは，合理的期待値の意味で，作業員１人が時間当たりどれだけの作業成果をあげられるかを表すものである。たとえば，レジスタッフであれば，１時間に何人の顧客を接客できるかの基準値を示すのが RE 値である。なお，店舗作業には販売数量や入荷数量により作業時間が変動する変動作業と，これらとは関係なく時間の定まっている固定作業がある。変動作業においては，精度の高い販売予測が可能になれば事前に必要作業時間も判断することが可能となる。また固定作業についてはどのくらい時間を要すれば必要とするサービス水準が得られるかを事前に判断することが可能である。

　こうした計画にもとづいて日常業務に落とし込み実行するが，作業割当計画と実行との間には往々にしてズレが生じることがある。こうしたズレが労働生産性の把握ミスによるものなのか，予測精度の低さによるものなのか，その他の要因に起因するものなのかは随時明らかにしたうえで改善方法を検討する必要がある。

4-2 │ LSP の活用による発注作業の改善

　小売店における発注作業のうち，業務に最も時間を要し正確性が求められるのは発注数量の決定である。発注業務において用いられる専門用語は多岐にわたる（**図表 3.2**）。ここでは，グローサリー（加工食品や日用雑貨）の補充発注の際に用いられる発注サイクルにおける LSP による対応についてみていく。

図表 3.2　発注に関する用語

用語	意味
発注期間日数	発注日から次回の発注日までの日数。
入荷日数 （発注リードタイム）	発注日から商品が入荷するまでの日数。
安全在庫日数	品切れ防止などを考慮し，最低で何日間分の在庫を持つべきかという日数。
平均日販数	1 日平均で商品がいくつ売れているか。
最大在庫数量	発注から入荷までの販売数量を考え，最大となる在庫数量。 （発注期間日数 ＋ 入荷日数 ＋ 安全在庫日数）× 平均日販数
安全在庫数量	ボリューム感や安全性の点からみた最低必要な在庫数。（安全在庫数）不足の要因で単位当たりの販売量が変動することを予測して，欠品を防ぐために最低限必要な在庫数。
発注点	在庫がいくつになったら発注するかという数量。その数を切れば発注するとあらかじめ決めた在庫水準。入荷日数と安全在庫日数に 1 日当たりの平均販売個数を掛けて求める。 （入荷日数 ＋ 安全在庫日数）× 平均販売個数 （入荷日数 ＋ 安全在庫日数）× 平均日販数
発注ロット	1 ロット発注した時の入荷数（段ボール箱の入り数）。
発注数量	販売予測にもとづいて計算され，実際に発注した量。最大在庫数量から帳簿在庫数量を引いて求める。 　発注数量 ＝ 最大在庫数量 － 帳簿在庫数量
帳簿在庫数量	棚卸しをしないで計算上で求めた現時点の在庫数（理論在庫）。販売数量と仕入数量から計算上出された在庫数。 　前回の在庫数量 ＋ 仕入数量 － 販売数量
前回の在庫数量	前回から繰り越された在庫数量。
仕入数量	一定期間に仕入れた商品数。
販売数量	一定期間に販売された商品数。

出所：『販売士 2 級ハンドブック（下巻）』（2020）p.82 を一部筆者加筆・修正

4-3 ┃ グローサリーにおける理論的発注数量の計算

グローサリーにおける理論的発注数量の計算フローは以下の通りである（図表 3.3 参照）。

- 第1段階：最大在庫数量を求める。

  最大在庫数量 ＝（発注期間日数 ＋ 入荷日数 ＋ 安全在庫日数）

  　　　　　　　　　× 平均日販数
- 第2段階：発注点を求める。

  発注点 ＝（入荷日数 ＋ 安全在庫日数）× 平均日販数
- 第3段階：帳簿在庫数量（理論在庫）を求める。

  帳簿在庫数量 ＝ 前回の在庫数量 ＋ 仕入数量 － 販売数量
- 第4段階：発注数量を求める。

  発注数量 ＝ 最大在庫数量 － 帳簿在庫数量

図表 3.3　グローサリーの発注のケース

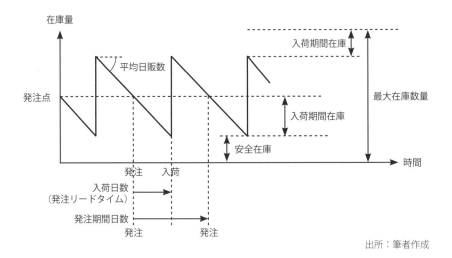

出所：筆者作成

［例］

　発注期間日数 ＝ 4 日　　　前回の在庫数量 ＝ 10 個

　入荷日数　　 ＝ 2 日　　　仕入数量 ＝ 6 個

　安全在庫日数 ＝ 2 日　　　販売数量 ＝ 7 個

　平均日販数　 ＝ 3 個

　最大在庫数量 ＝（4 ＋ 2 ＋ 2）× 3 ＝ 24 個

　発注点　　　 ＝（2 ＋ 2）× 3　　 ＝ 12 個

　帳簿在庫数量 ＝ 10 ＋ 6 － 7　　 ＝　9 個

　発注数量　　 ＝ 24 － 9　　　　　 ＝ 15 個

　ただし，注意すべきは，最大在庫数量は欠品を起こさないための最低レベルの理論的な最大在庫数量であり，その数量はあらかじめ決まったものではない。たとえば，小売店自らが最大在庫数量を減らしたいと考える場合には発注期間日数を短縮することで少量在庫を実現することが可能となる。しかし，この場合，発注回数と納品回数が増えるため必然的に作業量は増えることになる。他方，発注期間日数を長くすることで最大在庫数量は増加するものの発注回数と納品回数を減少させることも可能である。その分，発注作業は効率的になるともいえる。発注業務の効率化をどのように進めるかは各小売業の適正在庫の考え方によることになる。

　上記のような理論的発注数量の計算を実際の発注業務に活用する場合には，補充発注が可能な安定した商品，すなわち定番的で継続的に発注する商品が適している。

4-4 ┃ 発注作業の人時計算モデルと 発注率低減のための改善策

　発注作業における LSP をおこなうためには，各部門の作業分析を丁寧におこなう必要がある。発注作業における人時改善には，発注作業を細かく分解し，人時計算をおこなうためのプログラムを作成する必要がある。その手順は次の 4 段階で構成される。

① 発注品目数を計算する。

　　　発注品目数 ＝ 発注対象品目数 × 発注率
② 発注変動作業時間を計算する。

　　　発注変動作業 ＝ 発注品目数 × 1 品目当たりの発注時間
③ 1 回当たりの発注時間を計算する。

　　　1 回当たりの発注時間 ＝ 発注変動作業 ＋ 発注固定作業
④ 週当たりの発注人時を計算する。

　　　週当たりの発注人時 ＝

　　　　1 回当たりの発注時間 × 週当たりの発注回数 ÷ 1 時間

　発注作業の効率化を図るうえで，主に発注率を低減させる方法には，たとえば，売れ筋商品の売場在庫を増やして発注ロットを大きくすることで発注率を抑制する方法，オーダーブック方式から棚札方式へと発注方式を切り替えることで1品目当たりの発注所要時間を切り詰める方法，発注の準備や後処理にかかる発注の固定作業を減少させる方法，商品カテゴリーごとの商品特性や顧客の購買行動分析をおこなうことで定期的に発注回数を変更する方法などにより実現することが可能である。

5 人的販売の実践と管理

　本節では，消費者の購買心理過程に対応した販売員の接客行動についてみていく。

　商品の購入に訪れた顧客に対して販売員は店内でどのような機会をとらえて応対すれば販売に結びつけることができるだろうか。販売員は，顧客の購買心理過程に応じたプロセスを考慮した適切な対応を心掛ける必要がある。

　ここでは，顧客の購買心理過程の8つの段階とそれにもとづく販売員の応対のタイミングと内容についてみていく（**図表 3.4** 参照）。

　入店時は店内ディスプレイの力が顧客に対して影響力を持つのに対して，次第に販売員の影響力が増していく。顧客の購買心理過程の後半においては販売員の接客品質やタイミングがきわめて重要となる。

図表 3.4　顧客の購買心理過程 8 段階と接客販売プロセス

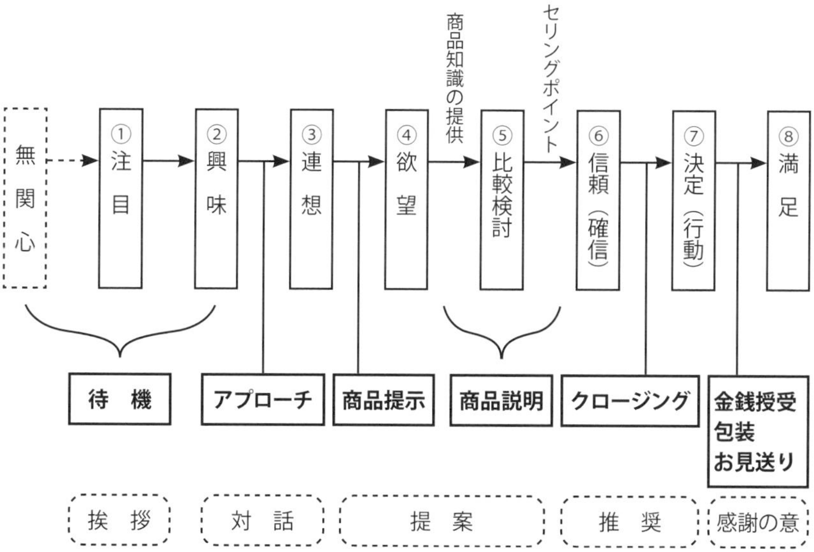

出所：筆者作成

まず，「**待機**」とは，販売員が準備を整え，顧客に声をかけて近づく機会を伺う段階である。入店していない顧客を店内で待つということも含まれるため，商品の補充をおこなったり，商品整理をおこなったりしながら顧客が自然に入店できる状況を意識的につくり出し**動的待機**により顧客を迎える段階である。

　この時点の顧客は無関心から**注目**の段階にあるため，店舗に興味を持って入店をした際には挨拶をして出迎え，顧客が店内を回遊する姿をさりげなく観察する。

　次に，顧客に声をかけて接近する「**アプローチ**」の段階である。販売員がアプローチをするタイミングには，顧客が１つの商品をじっと見ている時や眺めていた商品を手に取った時，顧客が何かを探している時や開店直後，閉店直前，悪天候時に来店した時などが最適なタイミングである。顧客が店内を回遊してどのような商品に興味を持っているのかを観察しながら，顧客が店内を一巡し，ある特定の商品群の前に立ち止まって商品に興味を示した時が第一のアプローチのタイミングである。さらに，顧客が商品を手に取りタグを見たり，商品をじっと見たりして「連想」している時が第二のアプローチのタイミングである。

　顧客へのアプローチに成功した次の段階では「**商品提示**」をおこなう。商品提示とは，顧客に商品を示しながら商品の利点や用途などを説明することである。顧客によっては販売員の詳細な説明を必要としない場合もあるため，この段階では顧客がどのような商品に興味を持っているのか，商品選択において何を重視しているのかなどを商品提示と質問を繰り返しながらヒアリングをすることが重要である。この段階では顧客は**連想**の段階であるため商品を使う状態にしてみせたり，商品を顧客の手に触れさせたり，商品の特徴をはっきりとみせたりしながら商品に対する**欲望**を高めることが重要である。商品提示段階が進むにつれて顧客の好みや商品に対する考え方が次第に明確になってきたタイミングで，商品の明確な**セリングポイント**を説明する段階に入る。セリングポイントとは，商品の特徴や効用の中で，購買決定に最も影響を及ぼすであろう点を端的に，かつ効果的に表現した言葉である。このセリングポイントは決まった唯一の表現ではなく，これまでの顧客へのヒア

リングの中から顧客が重視している点と商品の利点を結び付けた言葉で説明することで欲望を高める効果が期待できる。

次に，**比較検討**へと促すためには，試着や試用をしてもらうことで商品を実際に使用したイメージを確認してもらう段階へと移る。実際の試着や試用した顧客の反応をみながら商品の利点を確認したり，不安な点を払拭するような解決策を提案することも重要である。

さらに，販売を実現させるために向かう最終段階が「**クロージング**」である。優れた販売員は推奨した商品を顧客自身が自分の意思で納得して購入を決めたと思わせる販売技術を身につけている。押し付けられたという印象を持たれないよう，顧客の意思を尊重し，顧客の言葉に傾聴してクロージングまでの方法を考えなければならない。この時点で顧客は比較検討までの段階にある。次の**決定（行動）**へと進めるためには，顧客にこの商品が最も自分に適していることを認識させ，商品の利用価値を強調し，不安を払拭することで商品に対する**信頼（確信）**を生みだす必要がある。アプローチに最適なタイミングがあったようにクロージングにもベストのタイミングが存在する。たとえば，顧客が試着や試用したあとに満足感が感じられるような言動があったときや確認するような言葉が多くなってきたとき，価格を気にし始めたとき，アフターサービスに話がおよんだときなどがそのタイミングである。

顧客が購入の意思を固めた後は「**金銭授受**」，「**包装**」のタイミングである。この段階からは顧客の意思決定に影響を直接的に与えるものではないものの，今回の買い物自体の満足度をさらに高めることにつながる。顧客から預かった金額やつり銭に誤りがないかを細心の注意を払いながら確認し，商品の包装は丁寧かつスピーディにおこなうことが重要である。

最後は顧客の「**お見送り**」である。顧客の**満足**を引き出すのは商品の対する満足感も重要であるが，販売員により店舗で接した一部始終が満足感へと反映される。再来店をしたいと思わせるために顧客を見送る段階まで丁寧に対応することが重要である。

【参考文献】
高嶋克義・髙橋郁夫（2020）『小売経営論』有斐閣
坪井晋也・河田賢一編著（2021）『販売管理論入門（改訂版）』学文社
日本商工会議所・全国商工会連合会編（2020）『販売士２級ハンドブック（下巻）』
　　カリアック
日本商工会議所・全国商工会連合会編（2019）『販売士３級ハンドブック（下巻）』
　　カリアック
番場博之編著（2021）『基礎から学ぶ　流通の理論と政策（第３版）』八千代出版

練 習 問 題

第1問 次の**ア**〜**オ**は，売上総利益向上のためのストアオペレーションについて述べている。正しいものには1を，誤っているものには2をつけなさい。

ア 値入率の低い高付加価値商品を積極的に推奨販売することで粗利益率は高まる。

イ プライベートブランド（PB）商品の粗利益率は，ナショナルブランド（NB）商品よりも高い傾向にある。

ウ 営業利益は次の計算式で求める。
営業利益＝売上総利益（粗利益）－販売費および一般管理費

エ 小売店経営の基礎的利益である売上総利益は，次の計算式で求める。
売上総利益＝売上高－売上原価－営業利益

オ 減耗の発生を抑えることにより，粗利益高を向上させることができる。

第2問 次の**ア**〜**オ**は，販売管理費低減のためのストアオペレーションについて述べている。正しいものには1を，誤っているものには2をつけなさい。

ア 広告宣伝費額を適切に管理するためには，許容できる広告宣伝費額について，売上高対広告宣伝費比率や売上総利益対広告宣伝費比率などの基準値を設定し，その範囲内で管理する必要がある。

イ 費用対効果の高い広告宣伝を実施するためには，1つのプロモーション手法だけでなく，いくつかの手法を組み合わせるクロスマーチャンダイジングが重要である。

ウ 人件費を適切に管理するためには，店内作業の効率化やワークスケジューリングなどの適正化をはかり，労働生産性を高める必要がある。

エ ストアオペレーションにおいて人件費を適切に管理するための指標として，売上総利益に対する人件費の割合を示す人時生産性がある。

オ 売上高や売上総利益に応じた適切な店舗賃借料を求める場合，売上高対賃料比率や販売管理費に占める賃借料の比率を示す不動産分配率などの指標が用いられる。

次の**ア**～**オ**は，商品の補充作業について述べている。正しいものには1を，誤っているものには2をつけなさい。

ア 絶対的欠品とは売場の商品が欠品した状態のことであり，相対的欠品とはバックヤードの商品が欠品した状態のことである。

イ 補充作業時，欠品が発生したスペースを発見した際，他の商品で補充するのが原則である。

ウ 補充作業において，商品陳列棚の奥から商品を補充する先入先出法を原則とする。

エ インストアパックされた精肉や鮮魚などの商品を補充する際，一般的にミニキャリアが採用される。

オ 売れ筋商品は，商品スペースを広く確保したほうが一般的に補充作業効率はよくなる。

次の**ア**～**オ**は，ディスプレイ実施上の留意点について述べている。正しいものには1を，誤っているものには2をつけなさい。

ア ハンガー陳列のうち，商品の袖を見せるディスプレイ・パターンを「ハンギング」という。

イ 前進立体陳列では，新しく仕入れた商品を前方に陳列する先入先出法を徹底しなければならない。

ウ コーディネート陳列では，様々な生活のシーンに合わせて販売促進のテーマを設定し，主力商品の周辺に関連商品をディスプレイする。

エ 変形陳列は，単調な売場である印象を防ぐため，売場にアクセントをつける意味で用いられる。

オ カラーストライプ陳列では，アクセントカラーを効果的に利用できるよう，陳列器具や壁面は華やかな色を採用する。

第5問 次の**ア**〜**オ**は，補充型陳列について述べている。正しいものには1を，誤っているものには2をつけなさい。

ア 補充型陳列は，コモディティ商品や低価格帯商品に適したディスプレイ方法である。

イ 補充型陳列の対象となるのは，消耗度，使用頻度，購買頻度などが高い商品である。

ウ 補充型陳列コーナーの前で，顧客が立ち止まって陳列棚を横に見わたせる範囲は約180度といわれている。

エ 1つの棚にサイズの異なる商品を配置する場合，向かって右から左へ小・中・大の順に陳列すると全体的に見やすくなる。

オ 1つのゴンドラにサイズの異なる商品を陳列する場合，上部の棚に小さい商品を，下部の棚に大きい商品を配置したほうが全体的に見やすくなる。

第6問 次の**ア**〜**オ**は，展示型陳列について述べている。正しいものには1を，誤っているものには2をつけなさい。

ア 展示型陳列では，人目につく場所にアイキャッチャーを設置し，顧客の回遊性を向上させる。

イ 展示型陳列のパターンには，シンボライズ陳列，ドラマチック陳列，ダブルアタック陳列などがある。

ウ 展示型陳列とは，顧客に推奨すべき特定商品を，クローズアップして見せる演出的なディスプレイである。

エ 展示型陳列は，訴求したい旅行商品や季節商品などの単品を，ステージなどを活用して大量にディスプレイすることで演出効果を発揮する。

オ 売場が広い小売店の場合，売場内の主要部分の展示型陳列をおこなうことにより，顧客の回遊性が向上する。

次の**ア**〜**オ**は，売り場づくりについて述べている。正しいものには1を，誤っているものには2をつけなさい。

ア フロアゾーニングとは，事前に割り振られたゾーン（部門）ごとに，どんな品種を，どこに，どのように配分していくかを決めることをさす。

イ フロアレイアウトとは，顧客の購買目的に合わせたいくつかの商品カテゴリーグループ（部門）を，店内の最適な場所に最適なスペースで配分することを指し，取り扱う商品の部門割りをさす。

ウ ビジュアルマーチャンダイジングとは，「視覚的商品演出方法」と訳され，小売店のマーチャンダイジングを視覚的に訴求していくことである。

エ 注目→興味→欲望→記憶→行動と移り変わる，顧客の商品購買プロセスを「AISASの原則」と呼ぶ。

オ アイキャッチャーとは，顧客の目をひきつけ，足を止めさせ，衝動的な購買に結びつけるための売場内でのポイントになる部分を指し，小売店における顧客へのPR拠点となる。

第8問 次の**ア**〜**オ**は，小売店舗のレイバースケジューリングプログラム（LSP）の導入について述べている。正しいものには1を，誤っているものには2をつけなさい。

ア LSPとは，「作業割当計画」とも呼ばれ，誰が，何時から，何時まで，どの作業を，どれくらいおこなうかを決める計画システムである。

イ LSPの導入準備段階においては，店舗作業を管理しやすくするために，品目ごとに作業を分類する。

ウ LSPを導入する際の留意点としては，作業のシステム化や標準化，作業の発生をできる限り事前に予測すること，などがあげられる。

エ 販売数量や入荷数量などに関係なく作業時間が定まっている固定作業については，どのくらい時間をかけたら必要なサービスレベルを維持できるかを調べる。

オ 作業の分類ごとに基準として定められた人時のことを，RE値という。

第9問 次の**ア**〜**オ**は，発注に関する用語について述べている。正しいものには 1 を，誤っているものには 2 をつけなさい。

ア 発注点とは，売場にある在庫が単品ごとにいくつになったら発注すべきかを指すポイントである。

イ 発注リードタイムとは，発注日から次回の発注日までの日数をさす。

ウ 安全在庫数量とは，不測の要因で単位当たりの販売数量が変動することを予測して，欠品を防ぐために最低限必要な在庫数量をいう。

エ 帳簿在庫数量とは，計算上で求められる在庫数量をいい，理論在庫ともいう。

オ 発注作業モデルに用いられる発注率とは，発注対象品目のうち，何％の品目が発注されるかを示した数値をさす。

第10問 次の**ア**〜**オ**は，販売員の実践知識について述べている。正しいものには 1 を，誤っているものには 2 をつけなさい。

ア 動的待機とは，商品の補充をしたり，服をたたみ直したりしながら顧客の行動を観察することである。

イ 顧客の心理過程は注目，興味，連想，欲望，比較，信頼，満足，決定の順に進む。

ウ アプローチのタイミングとして最適な場面は顧客が入店してすぐである。

エ セリングポイントとは，商品の特徴や効用の中で，購買決定に最も影響を及ぼす点を簡潔に表現した言葉である。

オ クロージングとは最後の顧客を見送って店を閉めることである。

答　え

第 1 問：2　1　1　2　1
第 2 問：1　2　1　2　2
第 3 問：2　2　1　2　1
第 4 問：2　2　1　1　2
第 5 問：1　1　2　2　1
第 6 問：1　2　1　2　1
第 7 問：2　2　1　2　1
第 8 問：1　2　1　1　1
第 9 問：1　2　1　1　1
第10問：1　2　2　1　2

第 4 章

マーケティング

1　小売業のマーケティングミックス

本節では，小売業のマーケティングミックスである，ストアアロケーション，マーチャンダイジング，EDFP，リージョナルプロモーションの順でみていく。

1-1 ┃ 小売業のマーケティングミックス

　小売業の**マーケティングミックス**とは，「適正な商品とサービス」，「適正な場所」，「適正な数量」，「適正な価格」を消費者に提供し，消費ニーズを満たすことである。マーケティングミックスの具体的手法として **4P 理論**がある。実際の企業では，「プレイス（Place；小売業ではストアアロケーション）」，「プロダクト（Product；小売業ではマーチャンダイジング）」，「プライス（Price；小売業では EDFP［エブリディフェアプライス］）」，「プロモーション（Promotion；小売業ではリージョナルプロモーション）」の 4 つの整合性をとった計画を検討，立案，実施している。

1-2 ┃ プレイス（Place）―ストアアロケーション

　小売業の**プレイス**は，**ストアアロケーション**（割り当てのこと）を意味し，具体的には，店舗立地の選定と店舗業態開発である。どの地域に，どのようなタイプの店舗を，何店舗展開していくかを立案していく。立地政策を立案するに当たり，ここでは無差別的セグメントと差別的セグメントの考えで，商品特性と立地に合わせて顧客をとらえる。まず，**無差別的セグメント**とは，例として最寄品を中心とする店舗の場合では，小商圏であるため，商圏内の消費者にターゲットを合わせることを意味している。一方，**差別的セグメント**とは，例として買回品・専門品を品ぞろえの中心とする店舗の場合では，広域商圏であるため，コミュニティ（地域社会）対応というよりも，広域に存在する消費者が商品に対する価値観やライフスタイルをもとに，ターゲットをセグメントする。

　店舗立地の選定と店舗業態開発を意味するストアアロケーションを考える

に当たり，商圏が重要な手掛かりとなる。商圏は本章第2節に詳細な説明があるが，ここでは自然商圏と戦略商圏について確認しておく。**自然商圏**とは，小売店側がコントロールできない消費者の行動（たとえば大きな橋が架かっている，鉄道の開かずの踏切の影響を受けているなど）により形成された商圏のことである。**戦略商圏**とは，小売店側がマーケティングミックスを最適化できる範囲を積極的に定めた商圏のことである。戦略商圏は当該地域の消費特性，人口動態，競合状況など，商圏調査を十分におこない設定している。

1-3 ┃ プロダクト（Product）─マーチャンダイジング

小売業における**プロダクト**は，マーチャンダイジングを意味し，具体的には，商品化計画，品ぞろえ計画を内容としている。第2章「マーチャンダイジング」に詳細説明があるため，ここではそれ以外の項目，ブランドを中心に確認をする。

(1) ブランドと商標

ブランドとは，「個別の売り手またはそのグループの商品・サービスであることを識別させ，競合する売り手の製品やサービスと区別するための名称，言葉，記号，シンボル，デザイン，あるいはこれらの組み合わせ」（フィリップ・コトラー：P. Kotler）とされている。なお，類似する概念に，ブランドマーク（シンボルなどで表現され，発音できないもの），ブランドネーム（言葉で発音が可能なもの）がある。また，商標法では，**商標**（トレードマーク）は，人の知覚により認識することができるもののうち，「文字，図形，記号，立体的形状若しくは色彩又はこれらの結合，音その他政令で定めるもの」とされている。さらに，商標は「その排他的使用を法的に保護されたブランドあるいはその部分」とされている。商標とブランドとの違いとしては，商標は商標法により保護されている点である。したがって，商標はブランドより狭いくくりと理解できる（使用例：「綾鷹はコカ・コーラの登録商標です」など）。

(2) ブランドの分類

ブランドの分類には大きく2つある。1つは階層別ブランド分類で4つの

階層に分かれる。①**コーポレートブランド**は企業名が多い（例：セブン－イレブン・ジャパン），②**ファミリーブランド**は複数カテゴリーで構成されている（例：セブン－イレブン・ジャパンのセブンプレミアムは，総菜，菓子，飲料，日用品などのカテゴリーを包括している）。③**カテゴリーブランド**は特定カテゴリーに付与されている（例：紙巻煙草メビウスは，メビウス・ライト，メビウス・スーパーライト，メビウス・エクストラライトなどをくくっている），④**商品ブランド**は個々の商品に付与されている（例：メビウス・ライトなど）。このように階層別では4つに分類することができる。

2つめの分類は **PB（Private Brand）**と **NB（National Brand）**による分類である。PB は流通業者が商品計画化をおこない，販売まで担当し，その責任は流通業者側にある（PB の中のある店舗のみのブランドを SB〔Store Brand；狭義〕とする考え方もある）。一方，NB は有力メーカーが生産した商品であり，その責任もメーカー側にある。

（3）小売業における PB 商品開発

小売業における PB 商品開発の概要を整理したものが**図表 4.1** である。PB 商品開発のねらい，その前提，PB 商品の進展による影響，最後に PB 商品開発の成功のポイントの順に確認を進める。

図表 4.1　小売業における PB 商品開発の概要

(1) PB 商品開発のねらい	①高い粗利益額の確保 ②他店との品ぞろえの差別化 ③顧客の固定化など
(2) PB 商品開発の前提	①ロット仕入に耐える販売力 ②独自の企画が可能な消費者ニーズの把握など
(3) PB 商品の進展による影響	①オープンプライス化 ②価格デフレの進展 ③小売業の在庫リスクの増大など
(4) PB 商品開発の成功ポイント	①顧客ニーズにマッチした商品仕様 ②低価格訴求など

出所：『販売士2級ハンドブック（下巻）』p.119 を一部筆者加筆・修正

COLUMN 10：製品戦略（ブランド計画）

1. ブランドとは

　ブランドといえば，ヴィトンのバッグ，ブルガリの時計など，いわゆるラグジュアリーブランドを想い出すが，ブランドとはラグジュアリーブランドのみではない。「アサヒ・スーパードライ」もブランドである。しかしながら，これがブランドそのものすべてを意味しているのでもなく，「アサヒ・スーパードライ」は「ブランドネーム」であり，ブランドを構成する要素の1つである。ロゴがグリーン，円の中心に女性（神話に出てくる，美しい双尾の人魚）を描いているスターバックスの「ブランドマーク」も同様にブランドを構成する要素の1つである。したがって，ブランドネーム，ブランドマークでブランドそのものすべてを意味しているのではない。

2. ブランドに注目する理由

　性能も価格もまったく同じ大型液晶テレビに，「パナソニック」というブランドと「下町電器」というブランドで販売した場合，多くの消費者は前者を選択する。性能，価格は同じであるため，違いはブランドであり，ブランドの差が購買製品を決めている。消費者にとって，①メーカーの区別が容易にでき，探しやすいこと，②責任所在が明確であること，③品質が消費者に伝わるので購入失敗のリスクが低減できること，④メーカーに対し信頼を寄せ，見返りに品質，価格などを約束させること，⑤ブランドを使用することで機能以外，イメージなども満足させてくれることなどがある。

3. 再度，ブランドとは

　マーケティング協会では，「ある売り手や売り手の集団の製品（サービス）を識別し，競合相手の製品およびサービスと差別化することを意図した名称，言葉，サイン，シンボル，デザイン，組み合わせ」と定義している。ブランドは企業や企業の製品そのもので形成できるものではない。ブランドの評価者である消費者の心の中に形成される（目で見ることはできない）。したがって，ブランドはすべて企業の思惑通りいくものではない。企業ができることは「目に見えるブランド構成要素」（イメージ，ネーミングなど）を使って，消費者に「納得のいく価値，イメージ」をアピールすることである。ブランドは企業と消費者の両者によって形成されるという特性がある。

(4) ブランドの機能

　ここでは，ブランドの機能について整理しておく。図表 4.2 に示されているように，ブランドの機能は，①識別機能，②出所表示機能，③品質保証機能，④象徴機能，⑤情報伝達機能，⑥資産機能の 6 つである。

図表 4.2　ブランドの機能

(1) 識別機能	ブランドによる他商品との識別
(2) 出所表示機能	ブランドによる責任の明確化
(3) 品質保証機能	ブランドによる品質保証，品質の目安
(4) 象徴機能	ブランドイメージの形成・確立
(5) 情報伝達機能	ブランドによる訴求
(6) 資産機能	**ブランドの無形資産価値**（ブランドエクイティ）

出所：『販売士 2 級ハンドブック（下巻）』p.116 を一部筆者加筆・修正

1-4 ┃ プライス（Price）― EDFP

　プライスは **EDFP（エブリディフェアプライス）** を基本的な考え方とし，具体的には，消費者が買い求めやすい公正価格設定を意味している。図表 4.3 に 5 つの価格設定方式が示されている。

図表 4.3　5 つの価格設定方式

(1) コストプラス方式	原価にマージン（儲け）を加算する
(2) 競争商品等の市場価格を基準に設定	競争商品を参考に価格を設定する
(3) 顧客の購買心理を基準に設定	①名声価格　　③端数価格 ②慣習価格　　④ドロシーレーンの法則
(4) 商慣行にもとづく設定	①メーカーによる示唆 ②顧客の情報収集力　③初回値入率
(5) 政府方針にもとづく設定	政府による価格指導など（独禁法） ①カルテル行為　　　③拘束条件付取引 ②不当廉売

出所：筆者作成

(1) コストプラス方式

コストプラス方式とは，原価にマージンを加える方式である。例として，仕入原価300円（60%）にマージン（マークアップ）200円（40%）を加算し→販売価格500円（100%）に決定する。売上があまり変動しない商品で多く採用されている。

(2) 競争商品等の市場価格を基準に設定

競争商品の価格を参考に，自社商品の差別化度合い，商品のライフサイクル段階，**プライスリーダーシップ**（価格指導性，市場での価格支配力のこと）などにより，高い価格や低い価格を設定する。なお，プライスリーダーシップは寡占市場で多くみられ，業界を代表する企業が決めた価格に従わざるをえないことを意味している。

(3) 顧客の購買心理を基準に設定

①**名声価格**はラグジュアリー衣料品，バッグ，時計などに多く見られる。②**慣習価格**は飲料，チョコレート，たばこなど，長い間ほぼ同一価格の商品に多くみられる。③**端数価格**は999円，198円などに代表される。冒頭に示したEDFP（エブリディフェアプライス）と似ているが，EDLP（エブリディロープライス）といった，「毎日お安く」を掲げる小売店では端数価格を多く用いている。④**ドロシーレーンの法則**とは，100品目中18%品目を安くした場合，顧客の85%が安いと感じ，同様に30%品目を安くした場合は顧客の95%が，48%品目の場合は顧客のほとんどが安いと感じるという経験則である。

(4) 商慣行にもとづく設定

①各業界の慣習によるメーカーによる示唆（それとなく知らせること）が，多くの商品にみられる。②顧客の持っている価格情報収集力で，ほとんどの消費者が商慣行として大体の価格を知っている商品に多い。③初回値入率とは，仕入時点の売価と原価の差額を初回値入額，売価との比率で示したものである。たとえば，仕入時売価500円（100%）から，原価300円（60%）を減

商品価格は消費者からすれば，購買決定をする際の重要な要素のひとつであり，企業にとっては，売上高や利益を大きく左右する結果につながる要素である。

1．新製品に対する価格戦略

上層（上澄み）吸収価格戦略（スキミング・プライス）とは，新製品に高い価格を設定し，製品開発コストの早期回収を目指す戦略である。また，市場浸透価格戦略（マーケット・ペネトレーション・プライス）とは，新製品に比較的低い価格を設定，多くの購買者を集めマーケットシェアを高めることを目指す戦略である。

2．差別価格戦略（開拓的価格戦略）

差別価格戦略とは，消費者の需要動向に合わせ，価格を変化させる設定である。カラオケボックスの料金設定にみられるように，曜日別（金曜日），時間帯別（早朝），顧客別（学割）などの切り口で実施し，需要に影響が大きいサービス業などで多く設定されている。

3．心理的価格戦略

心理的価格戦略には，本章図表 4.3 の「5つの価格設定方式」に説明があるように端数価格，名声価格（威光価格），慣習価格がある。

4．販売促進的価格戦略（割引価格戦略）

販売促進的価格戦略には，以下の6つがある。「現金割引」（支払いを早くおこなうことに対する割引），「数量割引」，「機能割引」（保管機能，輸送機能など取引時にそれぞれが果たす機能に従う割引），「季節割引」（需要が停滞する時期における取引に対する割引），「アローワンス」（小売業に対する報酬で，メーカーの特定製品に対する比較的短期間の割引）や「リベート」などがある。

5．製品ミックスを考慮した価格戦略

プライスライニング戦略とは，「段階価格」ともいい，段階的にプライスラインを設定し，価格の違いを明確にすることで，顧客の商品比較や選択，購買を容易にするものである。また，「抱き合わせ価格戦略」とは，複数の製品やサービスを組み合わせて販売する時に設定する価格である。「キャプティブ価格戦略」（Captive：とりこ）とは，主製品の価格を低く設定し，付属品の価格で利益を得る価格設定で，パソコンのプリンター本体と付属品のインクカートリッジなどが該当すると考えられる。

算し→初回値入額は 200 円（初回値入率 40%）となる。

(5) 政府方針にもとづく設定

公共性の高い商品（ガソリンなど）・サービス（タクシー料金など）が代表例である。最後に，カテゴリー別価格に関する 4 つの業務を図表 4.4 に示した。

図表 4.4　カテゴリー別価格に関する 4 つの業務

(1) 価格決定の業務	①仕入原価重視 ②競争店意識の低価格 ③顧客志向に徹した価格
(2) 価格体系の業務	価格ゾーンや中心価格の決定
(3) 価格変更の業務	値上げ，値下げの決定
(4) 法規制確認の業務 （独禁法）	**独占禁止法（公正取引委員会）により行為を防止する項目** **①カルテル** [1] **②不当廉売** [2] **③拘束条件付取引** [3]
(5) 法規制確認の業務 （ガイドライン）	流通に関する独禁法ガイドライン ①メーカーなどによる競争阻害行為 ②小売業による優越的地位の濫用行為

注1：価格について防止すべきカルテル：複数企業が結託をして，価格を操作すること
注2：価格について防止すべき不当廉売：コストを償えないほどの廉価で弱い競争者を追い込むこと
注3：価格について防止すべき拘束条件付取引：メーカーが小売業者に対して，その仕入先である
　　　卸売業者を指定し，そこからのみ仕入れさせることで値崩れを防止しようとすること

出所：筆者作成

1-5 ┃ プロモーション（Promotion）
　　　　—リージョナルプロモーション

プロモーションとは，「顧客への製品，商品に関する情報発信，コミュニケーション活動」のことである。プロモーション戦略とは，「顧客とのコミュニケーションにあたり，誰に（ターゲットは誰か？），何を（どのようなメッセージを？），いつ（実施のタイミングは？），どのように（手段で？）といった内容の組み立て」を内容としている。したがって，プロモーション戦略策定のプロセスは，①ターゲットを明確にし，②期待すべき結果を決め，③タイミングよく，④コミュニケーションチャネルの検討や予算配分を経て，プロモーションミック

スにいたる。その際，プロダクト，プライス，プレイスの各戦略との整合性を確認し，購入意思決定に影響する「AIDMA」などのモデルによる検証をおこなうことで，より効果的なプロモーション戦略の構築が可能となる。プロモーションミックスとは，「コミュニケーションチャネル（情報を伝達する手段）を効果的に組み合わせる」ことである。具体的手段として，Pull 戦略採用時に重視する「広告」，「パブリシティ（ペイドパブリシティ，PR［パブリッククリレーションズ］を含む）」と，Push 戦略採用時に重視する「販売促進」，「人的販売」，「くちコミ」などがあげられる（プロモーションの詳細は本章第 4 節参照）。

2 商圏特性・市場細分化と出店戦略

　前節では，小売業のマーケティングミックスについてみてきた。とくに，店舗立地の選定と店舗業態開発の実施には，商圏を把握することが大前提である。本節では，商圏の特性と出店戦略に必要な市場細分化の考え方についてみていく。

2-1 商圏特性・市場細分化

　商圏とは，特定の小売店，商業集積で買物をしてくれる顧客が住んでいる範囲（たとえば，地理的な場合は2km，時間的な場合は車で５分などと表記する）を示したものである。近年は地理的な距離よりも，必要とされる時間の方に重点が置かれている。また，商圏は顕在化している**顕在的商圏**と，まだ顕在化していない**潜在的商圏**に分けられる。このような商圏であるが，商圏自体が持っている特性を踏まえたうえで，商圏の把握について整理したものが図表 4.5 である。

図表 4.5　商圏の特性と把握

商圏の特性	①拡大縮小を繰り返す流動的な特性を持つ ②面的（小売店の影響が及ぶ範囲）・質的（頻繁に来店してくれる商圏自体の厚み）の２側面を持つ

↓

商圏の把握	①アクセスを考慮する（交通機関，たとえば鉄道，バス，道路，橋など） ②競争を考慮する（競争地区，競争店舗など） ③地理条件を考慮する（踏切，橋，河川，工場群の存在など） ④社会生活施設の有無を考慮する（病院，学校，公民館など） ⑤生活者の心理を考慮する（馴染み地区と馴染みなし地区，大都市駅とその手前駅の差など）

出所：筆者作成

　市場細分化（マーケット・セグメンテーション）とは，顧客の属性，価値観，ライフスタイルなどで市場を分類することである。具体的分類のイメージを整理したものが図表 4.6 である。

図表 4.6　市場細分化のイメージ

デモグラフィック要因
・性別，年齢，住んでいる地域，所得，職業，学歴，家族構成など，その人が持つ社会経済的なデータによる分類 　①地理的要因（居住地域，都市規模，人口密度，天候など） 　②人口動態要因（年齢，性別，世帯規模，所得，職業など）
サイコグラフィック要因
・心理学的属性のこと。ライフスタイル，行動，信念（宗教），価値観，個性，購買動機，商品使用頻度による分類など
購買行動要因
・購買状況，求めるベネフィット，ロイヤルティ（Loyalty）低～高，価値観など

出所：筆者作成

図表 4.7　品ぞろえの総合化と専門化

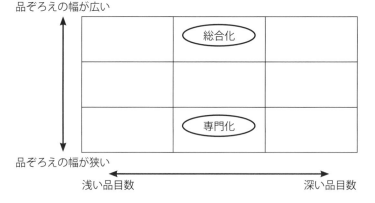

出所：『販売士 2 級ハンドブック（下巻）』p.134 を一部筆者加筆・修正

　そもそも市場を細分化する目的は，自社にとって最適なセグメントを決定し，マーケティングミックスを展開することである。細分化後は最適なセグメント（ターゲット）のニーズに合致した品ぞろえを追求することになる。一般的に品ぞろえの方向性は，品ぞろえの幅と奥行きでとらえられる。図表 4.7 に示されているように，品ぞろえの幅を拡げた業態（百貨店，大手総合スーパーなど）を総合化，品ぞろえの幅が狭い業態（文房具店，帽子屋など）を専門化と呼ぶ。このように，図表 4.7 のマスの中で，特定セグメントを決定し，自社の経営資源を特化させることを**集中戦略**という。集中戦略を徹底す

ると，品ぞろえの専門化（品ぞろえの幅を狭くする。たとえば，玩具，子供服，紳士服，家電などへの絞込み）を強化することで，**カテゴリーキラー**に進展する。カテゴリーキラーとは，特定分野において圧倒的な品ぞろえと安さを強みとして展開する小売業態（たとえば，トイザらス，西松屋，青山商事，ヤマダ電機など）のことである。

2-2 | 商圏調査・出店立地選定・出店戦略の手法

　出店の選定のためには自店の商圏を定める必要がある。商圏特性を把握したうえで，**商圏調査**を実施する。一般に商圏調査の実施方法は，次の3つの段階をとる（**図表4.8**）。なお，大型店の場合，周辺の生活環境（交通，環境など）への影響を配慮する法律（大規模小売店舗立地法）の遵守が求められる。

　図表4.8の（1）「既存資料調査」を具体的に展開したものが，（2）の「モデルおよび法則による商圏想定」である。モデルおよび法則の主なものを図表4.9に示した。とくに，それぞれが何を算出するためのものかを確認しておきたい。

　出店戦略には，ドミナント戦略（狭域集中型）と大型拠点型出店がある。**ドミナント型**とは，ある特定地域にまとめて店舗を開設することで，消費者には知名度を高め，社内的には物流コスト，人件費（アルバイトのやりくりなど）で結果的に経営業績向上につなげるという考えである。**大型拠点型**は，超大

図表4.8　商圏調査実施の3つの段階

（1）既存資料調査 　①住民状況（人口，世帯数，増加率，年齢，所得など） 　　出典例：家計調査，国勢調査，市勢要覧，民力など 　②交通状況（道路通行量，公共交通機関乗降客数など） 　　出典例：市勢要覧，交通統計資料，道路統計など 　③吸引状況（吸引施設の有無，商業計画の有無，事業所数など） 　　出典例：市政要覧，商業統計調査，商業調査など
（2）モデルおよび法則による商圏想定 　①小売中心性指標　　②ハフモデル　　③ライリーの法則
（3）通行量実施調査と競争店実施調査

出所：筆者作成

図表 4.9　商圏想定モデルおよび法則

---

(1) **小売中心性指標**
・都市の「活性化度」を算出
・計算式 → （都市内小売販売額÷都市内人口）÷（県内小売販売額÷県内人口）
・1 超は流入，1 未満は流出を意味する

(2) **ライリー（W.J.Riley）の法則の活用**
・ある地域（仮に中間都市 C）から都市 A，都市 B に流れる「購買力の比」を算出
・都市 A と都市 B の人口に比例し，中間都市 C から A，B への距離の 2 乗に反比例する
・計算式→都市 A の吸引購買額÷都市 B の吸引購買額を，「A,B の人口」と「中間都市 C から A,B までの距離」を加工し算出
・**小売引力の法則**ともいわれる

(3) **ハフ（D.Huff）モデル**
・ある地域（仮に都市 D）の住民が「どの商業集積（仮に商業集積 E）に買物のため出向くか」という「確率」を算出
・「消費者は大きな店舗に足を向けやすい。ただし，近い方がよい」という考えをベースに考案
・計算式→都市 D 住民が商業集積 E に出向く確率を，「E 商業集積の売場面積」と「D から E までの時間距離」を加工し算出
・修正ハフモデルは通商産業省（現経済産業省）が導入

出所：筆者作成

型店舗開設により，品ぞろえの豊かさなどにより，広域から消費者を集めるものである。事例としては，ヨドバシカメラ秋葉原店などがある。

　最後に出店立地選定・出店戦略に関し，**出店立地**とエリアの広さによる分類を確認しておく。

① **ルーラル**（田園，いなか風）

　　例：スーパーセンター，道の駅，アウトレットモール

② **サバーブ**（郊外，1 つの都市をさらに細分化した行政区画の単位）

　　例：大型 SC

③ **イクサーブ**（準郊外，住宅地域）　例：総合スーパが入店する大型 SC

④ **アーバン**（都市，都会的）　例：新たな業態店舗集積

⑤ **ダウンタウン**（繁華街）　例：サービスを主力とした百貨店等の大型施設

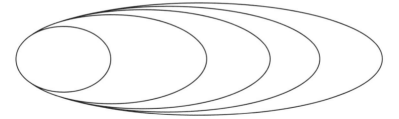

図表 4.10　出店立地のとらえ方

ダウンタウン　＜　アーバン　＜　イクサーブ　＜　サバーブ　＜　ルーラル

出所：『販売士 2 級ハンドブック（下巻）』p.142 を一部筆者加筆・修正

3 マーケットリサーチ

前節では，ストアアロケーションの大前提である商圏の特性と出店戦略に必要な市場細分化の考え方をみてきた。本節では，この商圏の特性に加え，マーチャンダイジングの実践にとって必要な市場調査関連についてみていく。

3-1 | マーケティングリサーチとマーケットリサーチの調査方法

マーケティングリサーチは，現在の市場動向のほか，予測や分析，市場動向にとどまらず顧客に関する分析もその範囲としている。消費者の欲求を把握し，それをどのような形で充足し対応するかについて調査する。一方，**マーケットリサーチ（市場調査）**は，市場動向を調査し，どのようなマーチャンダイジングを展開していくかを決めるためにおこなわれるものである。

図表4.11　マーケティングリサーチとマーケットリサーチ

| マーケティングリサーチ | 現在の市場動向のほか，予測や分析，顧客に関する分析も対象とする |
| マーケットリサーチ | 現在の市場動向を調査し，どのようなマーチャンダイジングを展開するかの判断材料のためにおこなわれる |

出所：筆者作成

図表4.11に示されたように，マーケティングリサーチよりマーケットリサーチは調査範囲が狭い。いずれにせよ調査実施に当たり，資料分析と市場実査方法（マーケットリサーチの1つで，実際に市場からデータを収集する活動のこと）を概観する。資料分析に係る出典を整理したものが**図表4.12**，市場実査を整理したものが**図表4.13**である。

図表4.12　資料分析に係る出典

| （1）家計調査年報 |
| （2）商業統計調査 |
| （3）人口統計①（国勢調査） |
| （4）人口統計②（住民基本台帳） |
| （5）人口統計③（人口動態調査） |

出所：筆者作成

図表 4.13　市場実査の種類と方法

市場実査の種類	(1) 定量調査（収集データを数値化し分析する調査）			
	(2) 定性調査（数値化できないデータを分析する調査）			
	(3) 動機調査（深層心理に迫り行動理由を明らかにする調査）			
	(4) パネル調査（一定グループ, 定期的に繰り返しおこなう調査）			
市場実査の方法	(1) 質問法（アンケート調査などに代表される） 　①面接法　　②郵送法　　③電話法　　④ Web 法			
	(2) 観察法			
	(3) 実験法			

出所：筆者作成

　家計調査年報は，世帯の収入，支出，貯蓄などを調べるため，総務省統計局が毎月実施している。調査対象から学生の単身世帯および外国人世帯は除外されている。具体的には，層化3段階抽出法により，全国9,000世帯が抽出されている（層化3段階とは①市町村，②単位区，③世帯でおこなわれる）。**商業統計調査**は経済産業省が卸売業および小売業について全国の事業所を対象とし販売実態などを調査し，商業に関する施策の基礎資料とするため実施されている。また，**国勢調査**は，国内の人口，世帯実情を明らかにするため5年ごとに，総務省統計局が計画立案し，都道府県・市区町村を通じておこなわれるものである。**住民基本台帳**は，国内に居住し当該市区町村の住民基本台帳に記載されている住民を対象とする統計である。住民の居住関係や選挙人名簿登録などに活用されている。**人口動態調査**は，厚生労働省が実施している国内における出産，死亡，婚姻，離婚など，人口動態事象に関する調査である。

　市場実査の種類として，定量調査，定性調査，動機調査，パネル調査がある。**定量調査**は主にアンケートデータを統計的に処理し，分析を進めていく調査である。一方，**定性調査**は，数値化できないデータを，主にインタビュー形式で収集したデータを分析する調査である。

　市場実査の方法には，質問法，観察法，実験法がある。**質問法**の代表的なものにアンケート調査がある。1対1でおこなう**面接法**，郵送して記入後に返送してもらう**郵送法**（留置法は，先に回答を依頼し，後日，訪問して回収する），

ローコストで素早く実施できる**電話法**，**Web 法**がある。**Web 法**は電子調査，ネット調査とも呼ばれる。その Web 法にはオープン型とクローズ型がある。オープン型は回答者を公募のうえ，不特定多数を調査対象とするもので，クローズ型は事前に登録されている者の中から回答者を無作為に抽出するものである。観察法は実際の行動や状況をありのままに観察し，データを収集する方法である。実験法はある変数（いろいろな値をとって変わる数量）間の因果関係を明らかにするため，説明変数（目的変数を説明する変数で独立変数ともいわれる物事の原因）を操作し，被説明変数（予測したい変数で従属変数，外的基準ともいわれる物事の結果）への影響を明らかにする調査である。

3-2 調査の実施手順

マーケットリサーチは，（1）企画段階→（2）設計段階→（3）実査・回収・入力段階→（4）集計段階→（5）分析段階という流れで進む。企画段階では，調査の目的，仮説設定，調査対象（サンプリング抽出法には多段抽出法などがある），調査方法を確定する。設計段階では質問紙の作成を中心とし，その後，調査の実施，入力，集計，分析という流れとなる。比較的多く用いられているアンケート調査を参考に調査の手順を図表 4.14 で確認する。

表 4.14　一般的なアンケート調査手順

(1) 企画段階	①調査目的　②仮説設定　③調査対象　④調査方法
(2) 設計段階	調査票作成 ①依頼文　②フェースシート　③質問紙と回答欄
(3) 実査・回収・入力段階	①調査を実施し，質問紙を回収　②入力
(4) 集計段階	①単純集計（グランドトータル：GT）②クロス集計
(5) 分析段階	①多変量解析（多くの項目を整理統合，予測をおこなう分析） ②クラスター分析（比較的似ているグループを因子分析の基準に作成する分析） ③回帰分析（変数 A の変動を別の B 変数で説明する方法。B を従属変数［結果］，A を独立変数［原因］という。独立変数が複数ある場合は重回帰分析）

出所：筆者作成

これまで商圏の特性，リサーチ関連についてみてきたが，本節では，出店後，または，実在店舗の売上向上方法である，リージョナルプロモーションについてみていく。

小売業におけるプロモーションは，リージョナル（地域的に限定された）プロモーションを意味し，具体的には，売場を起点とした **3P 戦略**（Pull 戦略，Push 戦略，Put 戦略）による集客，買上増加を目的としている。まず，リージョナルプロモーションの体系を理解し，Pull 戦略，Push 戦略，Put 戦略，それぞれのねらいと具体的施策を図表 4.15 により確認する。

図表 4.15　リージョナルプロモーションの体系

リージョナルプロモーション（売場起点の狭域型販売促進）	来店促進策「Pull 戦略」呼び込む	広告
		パブリックリレーションズパブリシティ
		くちコミ
		ポスティングなど
	販売促進策「Push 戦略」売り込む	人的販売活動
		非人的販売活動
	購買促進策「Put 戦略」取らせる	フロアマネジメント
		シェルフマネジメント
		ビジュアルマネジメント

出所：『販売士 2 級ハンドブック（下巻）』p.128 を一部筆者加筆・修正

また，インバウンド観光ビジネスについては，近年の新型ウイルス感染拡大に伴い外国人旅行者が出国制限を受け，訪日外国人旅行客数減少の影響もあるが，リテールマーケティングを実施していく中で重要な項目の 1 つでもある。当該地域にマッチした観光ビジネスを**アセンブリー性**（**集団性**）による，飲食業，宿泊業などとの協働の中で小売業も参加している。アセンブ

リー性を発揮する場を提供しているのが**DMO**（**観光地経営組織**）である。**3C分析**というフレームワーク（Customer［市場・顧客］，Competitor［競合］，Company［自社］の側面から分析する）などにより，観光施設，地域文化施設などと連携し，地域の魅力を再構築，発信している。訪日旅行者が継続的に海外から商品を購入する**越境EC**（越境電子商取引，カウントは旅行でなく財の輸出）といった広がりに期待ができる。

4-1 │ Pull 戦略

　Pull戦略は文字通り，消費者を引っ張ってくる，つまり，積極的でアトラクティブなプロモーションの意がある。したがって，ここでは広告計画の流れを図表4.16で，広告媒体の種類を図表4.17で整理する。リージョナルエリア，環境分析に続き，広告の目的（①新商品の紹介，機能，使い方の提案など情報提供，②商品購入額の向上，③**トップオブマインド**の獲得）の概念を明確にしていく。

　主な**マス媒体**は新聞，雑誌，テレビ，ラジオ，インターネットである。新聞は保存性・記録性に強く，雑誌媒体は読者層のセグメンテーションに優れている利点がある。テレビに比較し，ラジオ媒体は広告費用を低く抑えられるが，テレビは幅広い層に映像と音による強い訴求力，情報伝達での即効性において高い利点がある。その他，ダイレクトメール，新聞折込広告，OOH（Out of Home），インターネット広告などがある。OOH（オーオーエイチ）広告とは，外出している不特定多数の人々に向けて展開される屋外広告である。具体的には，ビルボード広告，街頭大型サイネージ，アドトラック（広告宣伝トラックや広告宣伝車両による広告），ベンチ，ゴミ箱，工事囲い，交通広告（鉄道広告，空港広告，バス広告，タクシー広告）などがある。特性として，地域に密着した反復訴求ができる利点があげられる。

　なお，インターネットの普及により，ビッグデータビジネス（総務省によれば，「ビッグデータを用いて社会・経済の問題解決や，業務の付加価値向上をおこなう，あるいは支援する事業」と定義されている）が進展し，GAFAなどが躍進している（ビックデータ，IoT，AI［人工知能］を用いた技術革新のことを第四次産業革命という）。インターネットの普及は，IoT（モノのインターネット化）として，ソフトウェアやセンサーを搭載した家電や自動車，建物などが，インターネットやクラ

表 4.16　広告計画の流れ

（1）地域環境の分析	人口，競合，市場成長，消費者分析など
（2）広告目的の設定	①情報提供型 ②説得型 ③想起型（トップオブマインド＝あるジャンルで最初にあげられる名前，たとえばカップ麺→カップヌードルなど）
（3）広告目標の設定	数値目標で事後検証をおこなう
（4）広告ターゲットの設定	表現戦略，媒体戦略を具体化させる
（5）広告コンセプトの設定	商品の優位性，顧客にとっての便益から設定する
（6）表現戦略の立案	広告コンセプトをベースに立案する
（7）**媒体戦略（メディアプランニング）の立案**	使用する媒体の種類を立案する ※メディアミックス（メディアの組み合わせ）
（8）出稿パターンの決定	効果的な出稿の時期を決定する

出所：筆者作成

図表 4.17　広告媒体の種類

（1）新聞広告	○読み返しがきく ・記事下広告（一般的に紙面の下 3 段から 10 段ほどのスペース）とそれ以外の雑報広告（題字下，記事中，突き出しなどで，小スペースとしては注目度が高い）がある。
（2）雑誌広告	○読み返しがきく ・表 4 の注目度が最も高く，掲出料金も高い。 ※雑誌の表紙を「表 1」，その裏を「表 2」。裏表紙の裏を「表 3」，その裏（つまり裏表紙）を「表 4」という。
（3）テレビ広告	○音声と映像による強い訴求力
（4）ラジオ広告	○曜日時間帯によりリスナー階層が異なるため，ターゲットを捕獲しやすい。 ・オーディエンスセグメンテーションとは，ラジオ局が階層にマッチした番組を放送すること。広告媒体としては番組内容に注視する必要がある（一般的に 20 秒スポット）。
（5）DM	○セグメンテーション戦略に最適
（6）折込広告	○地域セグメンテーション可能，安価
（7）OOH メディア	①交通広告（ラッピングバスなど） ②屋外広告（広告塔など）
（8）ネット広告	①クリックでき，インタラクティブ ②ターゲティングが可能 ③動画，映像，音声と表現が豊富 ④インプレッション率（広告表示回数）により効果測定が可能

出所：筆者作成

COLUMN 12：プロモーション戦略（広告の分類）

プロモーションの代表的手段に広告があるが，広告とは，「企業が費用負担して，媒体を通じて情報を消費者に伝える手法」をいう。広告にはタイプによっていくつかの特徴がある。

1. 広告のハードな部分（形式，様式など）による分類

①「広告主別分類」（企業広告，合同広告，業界広告，公共広告など）

②「訴求地域別分類」（全国広告，地方ブロック広告，地域広告など）

③「広告媒体別分類」

・マス媒体広告（新聞広告，雑誌広告，テレビ広告，ラジオ広告など）

・SP 媒体広告（DM，折込広告，屋外広告，交通広告，ネット広告など）

④「訴求対象者別分類」（流通広告，産業広告，消費者広告など）

※流通広告とは，メーカーが卸売業者や小売業者などに向けた広告，産業広告は業務用製品の広告をいう。

2. 広告のソフトな部分（内容面）による分類

①「広告内容別分類」

（製品広告，企業広告，ブランド広告，イメージ広告，レスポンス広告など）

※イメージ広告とは企業や，ブランドのイメージづくりの広告であり，レスポンス広告とは，製品特徴，価格訴求，ノベルティーを訴えたものや通販の広告のようにその場で申し込めるなど，消費者の反応，レスポンスを狙う広告である。

②「広告訴求内容別分類」

（情報提供型広告，説得型広告，想起型広告など）

※情報提供型広告とは製品機能，用途，サービス内容を伝える広告，説得型広告は購入を促進する，ブランド選好を高める広告，想起型広告は製品，購入の必要時期，場所などを想い起こさせる広告である。

③「製品ライフサイクル段階別分類」

（導入期の開拓的広告，成長・成熟期の競争広告，衰退期の維持広告など）

ウドによるネットワーク化による価値提供として進んでいる。小売業における **IoT 活用**は，消費者行動に関するデータを収集し，買物客へのアプローチ，店舗の在庫管理などへの活用が期待されている。

4-2 │ Push 戦略

Push 戦略は文字通り，顧客を購買に結びつけるための最後の一押し，つまりインストア（店内における）プロモーションの意がある。インストアプロモーションの中心をなす人的販売活動，非人的販売活動について**図表 4.18** で

図表 4.18　人的販売活動と非人的販売活動

人的 販売活動	(1) イベント（催事） (2) コンテスト（クイズなど） (3) 消費者教育（実演販売，料理教室など）
非人的 販売活動	(1) プレミアム種類 　①添付プレミアム（パックインとパックオン） 　②売場プレミアム　③応募プレミアム　④クーポン式プレミアム **(2) サンプル提供**

出所：筆者作成

整理する。**人的販売活動**では**イベント（催事）**は年間 52 週の計画立案，実施における効果測定であり，**コンテスト**（コンテストをとおして，消費者に商品を認知させ，関心を高める目的）はキャンペーン，**消費者教育**（商品知識，商品の活用方法を情報提供し，消費者との共感をとおし，商品への理解を深め，購買に結びつける目的）は実演販売（例：ＴＶショッピングでいえばジャパネットたかた）などに代表される。**非人的販売活動**には，添付プレミアム（パックインとパックオン），売場プレミアム，応募プレミアム，**クーポン式プレミアム**（商品に添付されたクーポンを貯めると景品がもらえる）などがある。**添付プレミアム**であるパックインの事例はソーセージの 10％ 増量などである。パックオンの事例は，シャンプー本体にリンスを張り付けるなどである。**売場プレミアム**は抽選や先着順など売場で実施するもの，**応募プレミアム**は商品のバーコードなどを Web 応募や郵送して抽選，先着順でもらえるものである。

　最後に，Push 戦略の実施時期を考える。高い効果を得るための実施時期を探るものとして **PLC（プロダクトライフサイクル）** がある。PLC に実施時期を照らしたものが図表 4.19 である。PLC とは製品や市場のステージを表したもので，①導入期，②成長期，③成熟期，④衰退期に分類されることが一般的である。Push 戦略の実施時期を検討するうえで，とくに重要なのが，導入期と成長期である。

① 導入期は市場や商品の発達初期段階であり，顧客へのコミュニケーション（主に啓蒙活動）が必要であるため，Push 戦略の方向性は実演販売による消費者教育，サンプル提供などを展開し，商品認知度を高めることが

図表 4.19　プロダクトライフサイクルとその特性

導入期 (開拓期) (紹介期)	成長期 市場成長前半・後半 市場確立期・ 市場成長期	成熟期 (維持期) (飽和期)	衰退期 (減少期) (減退期) (消滅期)
新商品に対する需要ならびにあらゆる問題が技術的に確認される以前に，新商品が市場に導入された時期で，売上高は低く，ゆっくりと動く。未開拓商品。	需要は加速し，市場規模が急速に拡大する。後発企業の市場参入が活発化するため，販売の機会損失を最小限にすることが求められる。	需要は横ばいの状態になり，多くの場合，買い換えや買い増し需要と新世帯形成分だけ増加する。	馬車が自動車の出現で姿を消し，絹がナイロンに敗れたように，商品は消費者訴求を失い始め，売上高は下降方向に向かい始める。

注：成長期の前半と後半では，需要ならびに競争構造にかなりの違いがあるので，あえてそれを成長期前半と成長期後半に分けたり，あるいは市場確立期と市場成長期に分け，全体を 5 段階に分類する方法もある。

出所：『販売士 2 級ハンドブック（下巻）』p.190 図 4-2-1 を転載（許諾済）

重要である。

② 成長期では商品が浸透し顧客ニーズが細かくなってくるため，商品の差別化が求められる時期である。そのため，Push 戦略の方向性は，商品の消費者教育活動に加え，**販売機会ロス**をなくすべく在庫の管理を徹底する。

③ 成熟期は市場が伸び悩むため値引販売を実施する。

④ 衰退期は売上激減のため，見切り市など在庫処分の方向性を取ることとなる。

4-3 ｜ Put 戦略

　Put 戦略は文字通り，店頭に商品を置く，つまり店内における**インストアマーチャンダイジング（ISM）**を実施し，販売効率を高めるプロモーション

(1) フロアマネジメント　〈内容〉　フロアレイアウトの構成	①主通路副通路の販売効率の向上　②ゴンドラエンドやパワーカテゴリー（マグネットのこと。顧客を引き寄せる注目度の高い商品の配置）　③ビジュアルマーチャンダイジング
(2) シェルフマネジメント　〈内容〉　ゴンドラの構成	①フェイシング（ゴールデンゾーンを意識した垂直型ディスプレイ）　②プラノグラム（棚割システム）

出所：筆者作成

である。ISM は**スペースマネジメント**（特定売場での売上と利益を高める技術のこと）を通じて，①**フロアマネジメント**（コーナー単位）と，②**シェルフマネジメント**（棚単位）でおこなわれ，買上点数の増加による売上増加技術である。ここでは「買上点数の増加（品種間での買上品目数の増加と1品目当たりの買上個数の増加）」→「**客購買単価向上**」を目的としているスペースマネジメントについて図表 4.20 に整理する。

(1) フロアマネジメント

　主通路と副通路それぞれの販売効率を高めるため，顧客吸引性の高い商品（**パワーカテゴリー**）配置場所の選定や視覚的訴求が中心となる。

(2) シェルフマネジメント

　ゴンドラを中心としたマネジメントで**プラノグラム**（Plan on Diagram；棚割システムのこと。**需要予測型棚割システム**と呼ばれる**スケマティック・プラノグラム**は，単品の位置により売上を予測し，カテゴリー全体の売上，利益を向上させる棚割システム）により，グルーピングされた品目を中心にフェイシングを実施する。とくにゴールデンライン，**垂直型ディスプレイ**が有効とされている。

本節では，マーケティングのまとめとして，リテールマーケティングの両輪である「商品」（マーチャンダイジング）と顧客（戦略）の顧客部分について学んでいく。実際，皆さんは「よい店」を利用するか，「好きな店」を利用するか想い出してほしい。顧客は，「よい店」ではなく，「好きな店」を利用する。顧客戦略が重視される時代の流れ，顧客戦略のなかみを確認していく。

5-1 製品志向→顧客志向→顧客中心

コトラー（P.Kotler）は，1900 ～ 1960 年代をよいものを作れば売れる「製品志向」の時代，1970 ～ 1980 年代半ばは，顧客ニーズを満たしウォンツをかなえれば売れる「**顧客志向**」の時代へとマーケティングの流れは変化してきたと指摘している。1990 ～ 2000 年代は，SNS の普及とともに環境，格差への企業取組み，ブランドコンセプトに対する共感が重視される「価値志向」の時代，2000 年代以降は，SNS のさらなる普及とともに，顧客が発信者と

図表 4.21　顧客志向から顧客中心へ

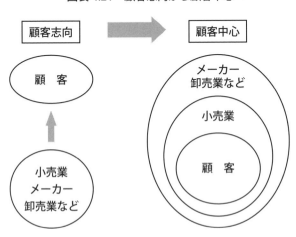

出所：『販売士 2 級ハンドブック（下巻）』p.207 図 5-1-1 を転載（許諾済）

なる「顧客自己実現」の時代としている。すなわち,現在「**顧客中心**」のマーケティング時代を迎えている（図表 4.21）。

企業を中心にものをみてきた「製品志向」,「顧客志向」（企業は顧客のニーズを探り商品提供する直線的関係）から,「顧客中心」（顧客を包み込むような円のような関係）に取り組むためには,1 回限りの関係でなく,もう一度,さらに 2 回,3 回と何回も顧客と関係を持ち,固定客化のためのカスタマー（顧客と

COLUMN 13：来店促進，購買促進への影響①（照明）

　顧客戦略（CRM）の有効性を高めるために,ワントゥワンマーケティング,顧客戦術（FSP）を実施していくことについては本文で説明してきた。そして,これらを実際に展開する場が主に店舗,売場である。来店促進,購買促進への影響度が大きい照明について,「照明の分類」,「照明の目安」,「照明形式による分類」の順に整理しておく。

1. 照明の分類

　①全般照明（ベース照明のこと。店舗,売場全体の照明）,②重点照明（アクセント,局部照明のこと。ディスプレイや商品を目立たせるスポットライトやダウンライト照明）,③装飾照明（インテリアライティングのこと。装飾効果を重視した照明）,④省エネ照明（照明の間引きや調光［明るさを自由に調節できる機能］によるライトダウン照明）と「照明の分類」は 4 つである。

2. 照度の目安

　①店内全般（500 〜 700 ルクス）,②重点ポイント（1,500 〜 3,000 ルクス）,③商品フェイス（900 〜 1,200 ルクス）と,場所によりメリハリがつけられている。照明により照らされた,明るさの程度である照度は,ルクスという単位で表される。なお,他にも照明関連で使用される単位として,ケルビンと平均演色評価数（Ra）がある。ケルビンは光の色（赤みがかった,青みがかった光など）そのものを表す色温度の単位である。また,照明によって物の色の見え方に影響がでる（演色性）が,物本来の色にどれだけ近いかを表す単位として,平均演色評価数（Ra）が使用されている。

3. 照明形式による分類

　①直接照明（直接照らす形式）,②半直接照明（直接照明に透過性のあるカバーをつけた形式）,③間接照明（反射する光によって明るさを出す形式）,④半間接照明（室内に向けた光よりも反射光が多い形式）,⑤全般拡散照明（光を均一に行きわたらせる形式）と「照明形式による分類」は 5 つである。

の）リレーションシップ（関係性を）マネジメント（経営資源配分）し，顧客を尊重していく顧客戦略（CRM）が大切である。

5-2 │ 顧客戦略（CRM）

CRM（Customer Relationship Management）とは，顧客一人ひとりの理解にもとづき，顧客との長期的な，かつ，良好な関係維持する戦略である。具体的には，顧客との接点を管理し，顧客ロイヤルティ（Customer Loyalty：小売店と関係を保つという顧客の忠誠心）の最大化を目指している。集まったデータに対し，**プロファイリング**（顧客属性や購買履歴などから顧客の特徴付けをおこない，適切な商品のリコメンド，情報提供案を策定）などの分析をおこない，CRMの基本戦略である**ワントゥワンマーケティング**（顧客ごとのマーケティング施策，顧客にとっては１対１のサービス享受感がある）を実施する。ワントゥワンマーケティングでは，情報システム技術を活用したマスカスタマイゼーションが用いられる。ここで，マスカスタマイゼーションとは，販売ボリュームを活かしつつ（マス），顧客ごとのニーズに合わせた販売（カスタム化）をすることを意味している。

5-3 │ 顧客戦術（FSP）

顧客戦略であるCRM展開の中心の１つであるワントゥワンマーケティング実施に際し，武器となる顧客戦術であるFSPについて確認する。**FSP**（Frequent Shoppers Program）とは，お店に貢献してくれる顧客を優遇し，より高い支持を獲得，維持していく顧客戦術である。例としては，航空会社のマイレージプログラムや通販，百貨店における買い上げ金額に応じた段階的に引き上げられる割引率の適用などがある。購入金額順に顧客グループを10等分（**デシル分析**）し，それぞれのグループによって特典を設定する事例もある。しかしながら，ただ単に上位顧客に手厚い特典をつければよいという程度のものではない。FSP運営コスト負担増加，データ分析未着手，適切な特典企画力不足など問題点や課題もあることを認識しておく必要がある。

COLUMN 14：来店促進，購買促進への影響②（色彩）

　コラム⑬では，照明に注目したが，色彩は店舗空間の演出だけでなく，ディスプレイ効果を高めるために活用されている。本コラムでは，来店促進，購買促進への影響度が大きい色彩について「色の3要素」，「無彩色と有彩色」，「補色と準補色」の順に整理しておく。

1. 色の3要素

　色の3要素は次の3つ。①色相（色を構成する光の波長による赤，青，緑といった色合いの違い），②明度（色の明るさ，暗さ），③彩度（色の鮮やかさ）

2. 無彩色と有彩色

【無彩色】彩度のない白，黒，灰色のこと。

【有彩色】無彩色以外はすべて有彩色で3つに分けられる。①暖色（興奮色，前に飛び出すイメージの進出色のこと。赤や黄色など），②寒色（鎮静色，後ろに引っ込むイメージの後退色のこと。青色が代表），③中間色（暖色でも寒色でもない色のこと。緑や紫など）である。

3. 補色と準補色

　色相環（色相を円上に配置したもので，具体的には，赤→橙→黄（暖色グループ）→黄緑→緑（中性色グループa）→青緑→青→青紫（寒色グループ）→紫→赤紫（中性色グループb）をベースに，その間に色を加えることで20色，24色などがある。補色とは，色相環の正反対に位置する色（上記10色相環例では橙と青などで，強い印象がある），準補色とは補色のひとつ手前の色同士（例としては黄と青などで，華やかな感じがある）のことである。

【参考文献】

日本商工会議所・全国商工会連合会編（2020）『販売士2級ハンドブック（下巻）』カリアック

練 習 問 題

第1問　次の**ア**〜**オ**は，ブランドについて述べている。正しいものには１を，誤っているものには２をつけなさい。

ア　ブランドマークとは，シンボルやデザイン，色，サービスなどで表現された発音できないブランドの部分である。

イ　ブランドとは，もともと他社の商品と自社の商品とを区別し，出所を明確にするために付けられたものである。

ウ　プライベートブランドとは，流通業者が主体的に商品を企画，販売するブランドである。

エ　プライベートブランドの中には，ナショナルブランド以上に高品質で高価格商品として差別化されたものも存在する。

オ　コーポレートブランドとは，複数の特定商品カテゴリーにまたがって付与される包括的なブランドである。

第2問　次の**ア**〜**オ**は，リージョナルプロモーションについて述べている。正しいものには１を，誤っているものには２をつけなさい。

ア　リージョナルプロモーションは，Pull 戦略，Push 戦略，Put 戦略で構成される。

イ　リージョナルプロモーションは，商圏内の顧客に対して，売場を起点としたプロモーションによって売上と利益の増加を図る諸活動である。

ウ　来店促進策には，広告やくちコミ，ポスティングなどが含まれる。

エ　販売促進策は，人的販売活動と非人的販売活動に分類される。

オ　購買促進策には，フロアマネジメントやリスクマネジメント，ビジュアルマネジメントなどが含まれる。

161

第3問 次の**ア**〜**オ**は，価格設定について述べている。正しいものには1を，誤っているものには2をつけなさい。

ア 慣習価格は，社会的慣習によって形成される価格であり，一般的に社会的な通念として存在する価格をさす。

イ タクシー料金や医療用医薬品など公共性の高い商品やサービスにおいては，政府の方針にもとづく価格設定がおこなわれる。

ウ ドロシーレーンの法則によると，100品目中18％の商品を安くしたら，85％の顧客が該当店を安いと感じる。

エ 端数価格設定とは，いつでもすべての商品を低価格に設定することである。

オ 小売業者が顧客に対して販売する価格をメーカーが指示し，守らせる行為は，再販売価格維持行為となる。

第4問 次の**ア**〜**オ**は，商圏の特性について述べている。正しいものには1を，誤っているものには2をつけなさい。

ア 商圏の把握は，アクセス上の要因や競争上の要因，地理的要因，社会生活要因，心理的要因などを考慮しておこなう。

イ 商圏は，顧客の分布範囲を示す質的な広がりと，顧客の来店頻度を示す面的な広がりを持つ。

ウ 商圏には，顧客が来店する地理上や時間上の範囲でとらえる顕在的商圏と，新たな顧客となる可能性を持つ潜在的商圏という2つの側面がある。

エ 商圏の範囲は，競争店の分布状況や取扱商品の商品特性，地域の消費者の行動目的などにより変化する。

オ 時間距離による商圏の範囲は，最寄品では広く，買回品や専門品では狭くなる。

第5問 次の**ア**〜**オ**は，小売業の立地について述べている。正しいものには1を，誤っているものには2をつけなさい。

ア 商業の立地環境は，都市の人口，所得水準などを意味するジオグラフィック要因と都市機能や都市計画などを意味するデモグラフィック要因に分けて評価する。

イ 商圏は固定されたものではなく，競合店の出現や新しい道路の整備などにより変動する。

ウ ハフモデルによって算出される消費者の商業集積への買物出向選択確率は，商業集積の売場面積に反比例し，商業集積までの時間距離に比例するというものである。

エ ライリーの法則は，主に最寄品を対象としており，小売取引は小さい都市から大きい都市へ吸引されるというものである。

オ 店舗立地の環境は，商圏の人口や世帯数，店舗用地の区画・形状，地価，賃貸条件などを含み，店舗の位置やその商圏に関する地理的条件のことである。

第6問 次の**ア**〜**オ**は，市場調査の実施方法について述べている。正しいものには1を，誤っているものには2をつけなさい。

ア 観察法は，対象者を一か所に集め，調査票を配布して各自記入してもらう方法である。

イ 面接法は，専門の調査員が必要であり，調査に時間もかかり費用も高くなる。

ウ 多段抽出法は，サンプリングの方法の1つで，母集団の中から特定の層をランダムに選び，そこからさらに調査対象をランダムに抽出する方法である。

エ 留置法は，調査票の配布に郵便物を用いるため，調査員は不要となる。

オ インターネット調査の実施にあたって，回答者をホームページなどで公募し，不特定多数を対象とする方法をクローズ型という。

第7問 次のア～オは，ライフサイクルと販売活動の関係について述べている。正しいものには1を，誤っているものには2をつけなさい。

ア 導入期には，新規参入者が急増し，市場競争も激化する。

イ 商品ライフサイクルと利益曲線の関係をみると，利益は導入期において最大となる。

ウ 成熟期では買い換え需要が中心となる。

エ 成熟期は，販売機会ロスとならないよう最も注意すべき時期である。

オ 商品ライフサイクルと売上曲線の関係をみると，売上は衰退期において最大になる。

第8問 次のア～オは，インストアプロモーションについて述べている。正しいものには1を，誤っているものには2をつけなさい。

ア プレミアムを用いたプロモーションは，中長期的なブランドロイヤルティの構築を狙った人的販売戦略である。

イ クーポン式プレミアムとは，景品があらかじめ商品に添付されているもので，パックイン方式とパックオン方式の2つがある。

ウ サンプル提供は，安価で使用頻度の高く反復購買される消耗品に適したプロモーションである。

エ サンプル提供は，コストのかかるプロモーション活動であり，全国一律に実施される。

オ 携帯端末のアプリケーションなどを通じて発行される電子クーポンは，利用者の位置情報や行動履歴にもとづく1対1のプロモーション手段として活用されている。

第9問 次の**ア**〜**オ**は，売場のスペースマネジメントについて述べている。正しいものには1を，誤っているものには2をつけなさい。

ア 顧客の購買単価は，買上個数と商品単価それぞれ掛け合わせることで算出される。

イ 購入金額に影響を与える要因には，ゾーニング，レイアウト，ディスプレイ，商品力などがある。

ウ 島陳列は，顧客の注目を集めるために，通路の中央に陳列台を設置して商品を訴求する手法である。

エ 一般に垂直型ディスプレイは，最寄品などを取り扱う小売店で採用される。

オ スペースマネジメントは，コーナー単位のシェルフマネジメントと棚単位のフロアマネジメントに分類される。

第10問 次の**ア**〜**オ**は，CRMについて述べている。正しいものには1を，誤っているものには2をつけなさい。

ア CRMは，顧客情報を活用し，短期的なその時々の顧客ニーズを的確に認識することによる顧客管理方法である。

イ デシル分析は，たとえば購入金額の高い順に顧客を5つに分割し，それぞれの顧客層がどのくらい売上構成比を持っているかを分析する手法である。

ウ ワントゥワンマーケティングは，顧客一人ひとりの属性やニーズに合わせてマーケティングをおこなうことである。

エ ワントゥワンマーケティングでは，ICTを活用したマスカスタマイゼーションが用いられる。

オ CRMで用いられるプロファイリングは，顧客の購買履歴などの情報を活用して顧客属性や特性を推奨するものである。

答　え

第 1 問：2　1　1　1　2

第 2 問：1　1　1　1　2

第 3 問：1　1　1　2　1

第 4 問：1　2　1　1　2

第 5 問：2　1　2　2　1

第 6 問：2　1　1　2　2

第 7 問：2　2　1　2　2

第 8 問：2　2　1　2　1

第 9 問：1　1　1　1　2

第10問：2　2　1　1　1

第 5 章

販売・経営管理

本節では，契約や支払い手段，商品の仕入に関わる法知識や小売業を運営するうえでの関連法である独占禁止法や消費者基本法，特定商取引法などの法知識についてみていく。小売業の運営が法律に即したかたちでおこなわれなければならないことについて，以下の内容を理解する必要がある。

1-1 取引の法知識

(1) 契約法の基礎知識

契約とは，債権や債務を発生させる原因となる約束のことである。近代市民法の3大原則とは，**所有権の絶対**，**契約自由の原則**，**過失責任の原則**のことである。

契約自由の原則とは，社会生活において，個人は国家の干渉を受けることなく，自己の意思にもとづいて自由に契約を締結し，私法関係を規律することができるという，近代法の原則のことである。契約の内容決定の自由とは，強行法規や公序良俗に反しない限り，契約の内容を，自由に決定できることである。しかし，経済的弱者保護や公共の福祉の観点から規制を設ける場合がある。

契約が成立するためには，方向性が反対の両当事者間での合意が必要である。つまり，**申込**と**承諾**の合致によって契約が成立する。よって，口約束も立派な契約となる。

任意規定とは，当事者間で明確に定められなかった事項のみに適用される規定である。**強行規定**とは，当事者間の自由意思で適用を排除することができない法律の規定である。

契約の成立を立証するのは，多くの場合は書面の記載でおこなわれる。契約書は，契約成立の要件ではないが，契約の成立や内容を証明する証拠となる。後日証拠となる文書を保管整理する必要性がある。

契約の履行とは，約束通りの行為をすることである。約束通りの行為をしないことを債務不履行という。債務不履行には，**履行遅滞，履行不能，不完全履行**がある。履行遅滞とは，期日までに履行しないことである。しかし，催告後の契約は解除可能である。履行不能とは，履行ができなくなることである。即時契約解除が可能である。不完全履行とは，契約内容通りの履行といえない不完全な履行のことである。債務不履行による損害があれば，契約解除してもしなくても損害賠償の請求をすることができる。不完全履行の場合，売主は**契約不適合責任**を負い，買主は売主に対して**追完請求**ができる。

　売買契約成立の効果は，目的物を引き渡す義務と目的物の引き渡しを請求する権利が発生する。売主には，代金を請求する権利，買主には代金を支払う義務が発生する。売買契約は，有償契約（売買契約は，代金の支払いが伴うもの）であり，双務契約（売主には商品の引渡義務，買主には支払義務が伴うもの），諾成契約（合意のみによって契約が成立するもの），有名契約（典型的な名前のついた契約）である。民法では，13種の典型契約を定めている。典型契約以外の契約（非典型契約）には，無償契約，片務契約，要物契約，無名契約がある。

　数量を定めた売買で数量が不足する時は，買主が善意であれば代金の減額を請求することができる。権利行使は，不足を知った時などから1年以内におこなわなければならない。隠れた瑕疵の場合は，6か月以内に発見して，直ちに通知する必要がある。契約内容不適合があった場合，すなわち，種類，品質または数量に関して数量不足や契約の内容に適合しないものである時や期待外れの品質であった場合には修理，代替品の引渡し，不足分の引渡しを求める追完請求をおこなうことができる。

　契約内容不適合が発生した場合，買主が相当期間を定めて追完履行請求をおこなったにもかかわらず，その履行が無かった場合，買主はその不適合度合いに応じた**代金減額請求**をおこなうことができる。このほか，債務不履行による損害賠償請求権と契約の解除が認められる。

　商人間の売買において，買主は目的物の受領後，遅滞なく検査をおこない，契約不適合を発見した際には直ちに通知しなければ，履行の追完請求，代金減額請求，および契約の解除をすることができない。また，不適合を直ちに発見できない場合であっても，6か月以内に発見し，発見後，直ちに通知し

ないときは同様である（商法第526条第1項・第2項）。

代金の支払手段は，事前に確定していればよく，日本円でなく外国通貨で
もよい。代金の支払いと商品の引渡しは，同時履行の関係にある。**特定物**の
場合は，その物が存在した場所で引渡しがおこなわれる。また，**不特定物**の
場合は，債権者の現在の住所で弁済されることになる。

(2) 印紙税の基礎知識

印紙の貼付と消印の根拠法は，**印紙税法**である。消印の方法は，通常の場
合は課税文書の作成者が文書と印紙の彩紋にかけて印鑑により押印するが，
サインによって消印をしてもかまわない。代金の受領書などの記載金額が5
万円以上の場合は，印紙税法にもとづいて，収入印紙を貼付し，印章（署名）
により消印をしなければならない。印紙の貼付をしなかったり消印を忘れた
りした場合は脱税として，科料，罰金，内容次第で1年以下の懲役刑などの
刑事処分を受ける。ただし，契約そのものの効力がなくなることはない。

印紙税が課税される文書であるにもかかわらず，正しく収入印紙を貼付・消
印しなかった場合に，印紙税の追徴とペナルティとした過怠税が課せられる。

(3) 支払手段としての小切手の基礎知識

小切手については，**小切手法**に規定が置かれている。小切手は，発行者（振
出人）が第三者（支払人＝銀行）に宛てて一定金額を支払うべきことを委託す
る形式の有価証券である。小切手を発行するには，**小切手要件**と呼ばれる一
定事項を小切手用紙に記載し，振出人がこれに署名して受取人に交付する方
式による。

小切手要件には，必ず記載しなければならない事項を定めた**絶対的記載事
項**（小切手であることを示す文字，金額と支払委託，支払人名称，支払地，振出日と
振出地,振出人の署名・押印),記載してもしなくてもよい**任意的記載事項**(受取人,
第三者方払，外国通貨換算率・現実支払文句，線引，拒絶証書作成免除，複本文句），
記載すると，手形自体が無効となる**有害的記載事項**がある。

線引小切手とは，小切手の表面に2本の平行線を引かれた小切手をいう。
小切手の呈示期間は,振出日およびこれに次ぐ10日間とされている。債権は,

呈示期間経過後6か月で，時効により消滅する。

（4）支払手段としての約束手形の基礎知識

　約束手形は，発行者（振出人）が一定の金額を支払うべきことを約束する形式の手形であり，手形法に規定がある。小切手と同様に，約束手形を発行する場合にも手形要件が設けられており，絶対的記載事項（約束手形であることを示す文字，手形金額と支払約束，満期，支払地，受取人名称，振出日および振出地，振出人の署名・押印）と，任意的記載事項（第三者方払，利息文句，裏書禁止文句，一覧のための呈示の一時禁止，一覧のための呈示期間の変更，一覧払手形の支払呈示期間の変更または支払呈示の一時禁止，準拠暦の指定，換算率または外国通貨現実支払文句，戻手形の振出禁止など）がある。さらに，有害的記載事項（法定外の満期の記載，手形の支払いに対する反対給付を条件とするなど）がある。

　白地手形とは，手形要件（必要的記載事項）が欠けたまま流通している手形をいう。

　そのままでは無効であるが，最低限，振出人の署名さえあれば，呈示までに他の必要事項が補充されて有効な手形となることが予定された手形として，商慣習法上の効力が認められる。

　裏書の方法は，手形の裏面に自己の署名や記名・押印して交付する。裏書の連続は，手形面上で受取人から最後の被裏書人に至るまで続いているか，形式的な連続でよいとされている。裏書人の遡及義務は，不渡りとなった場合，所持人からの支払請求に応じることである。支払いの呈示期間は，一覧払の手形は振出日から満1年となっている。所持人の振出人に対する約束手形の権利は満期日から3年で時効により消滅し，裏書人に対する権利は満期日から1年で消滅する。

　手形や小切手を紛失したり，盗難に遭ったり，滅失したときは，公示催告手続により証書を無効とすることができる。これは管轄の簡易裁判所が証書を紛失した者の申立てにより一定の期間を定めて権利または請求の届け出をさせ，届けがない場合に**除権決定**により，その権利または請求に失権効果を発生させるための催告手続である。

(5) その他の支払手段の基礎知識

① クレジットカード

　クレジットカードには，販売会社（加盟店），カード会員，カード会社の3者間または金融機関を含めた4者間でおこなわれる方式と販売会社とカード会員の2者間でおこなわれる方式の2つがある。

　前者は信販会社や銀行がカードを発行し，カード会員は加盟店でサービスの提供を受けたり商品を購入したりすることができる。加盟店は商品を引渡し，売上票をカード会社に送付して代金の支払を受ける。カード会社はカード会員があらかじめ指定した銀行口座から代金を引き落とすことで立て替えた代金の支払を受けるものである。

　後者は大規模小売業者などが自社でのみ通用するカードを発行し，カードで買物した会員の銀行口座から，一定期日に代金を引落して決済されるものである。

② プリペイドカード

　クレジットカードは消費者が代金を後払いするのに対して，プリペイドカードは，消費者が代金を前払いしてカードを購入し，商品やサービスの提供を受けるものである。

③ デビットカード

　デビットカード（即時払い）は，小売店の店頭での支払時に，銀行キャッシュカードを呈示し，暗証番号を入力することにより，銀行預金の口座から即時直接決済するものである。消費者のメリットは，大金を持ち歩かなくても良く，銀行に行く手間や，手数料が不要であること，預金残高の範囲で安心して買物ができることなどがあげられる。また，加盟店のメリットは，代金の早期回収や資金繰りが円滑化されることである。さらに，現金のハンドリングコストが抑制され，クレジットカードの非保有層の集客が可能になることなどがあげられる。

④ 資金決済法

　前払式支払手段としての商品券，カタログギフト券，磁気型・IC型プリペイドカード，web上のプリペイドカード等が該当し，これらは資金決済法

の適用を受ける。

1-2 | 仕入に関する法知識

(1) 商品の仕入における法律効果

　商品売買においては，所有権の移転とともに，買い手と売り手の双方に債権・債務の関係が成立する。以下では，仕入時における法規定についてみていく。契約の成立は，買い手の申込みの意思表示と売り手の承諾の意思表示との合致によって成立する。

　小売業が顧客と結ぶ売買契約には一時取引と継続取引がある。小売店が不特定多数の顧客と結ぶ売買契約を一時取引といい，小売業と卸売業が結ぶ取引契約を継続取引という。継続的商品売買については，基本契約書を交わすのが通例である。

　基本契約で注意すべき点としては，売買する商品の品名や数量，品質などの商品内容を明確に定め，引渡場所や引渡時期，引渡方法などの引渡条件を明らかにし，小売業は注文した商品が正しく納品されているかを確認する検査義務を有し，数量不足や破損・汚損等の不備が見つかった場合には仕入先企業に通知する義務がある。

(2) 売買による仕入

　小売業における売買は，メーカーや卸売業から買い取った商品を消費者に販売することである。このうちメーカーや卸売業からの仕入に関する契約が売買契約である。

　売買による仕入では，買取仕入と売上仕入を明確に区別する必要がある。買取仕入（単純売買）とは，商品を買い取った時点で所有権が買い手に移る仕入形態である。また，売上仕入（消化仕入）は，消費者が商品を購入した時点で，その都度，仕入先企業と小売業との間の売買契約が完結し，同時に所有権も仕入先企業から小売業，消費者へと順次移転する。小売業は売却した商品代金のみを仕入先企業に支払うことになる。

(3) 委託販売方式による仕入

委託販売方式による仕入とは，サプライヤーが小売業に商品の販売を委託し，小売業は受託した販売業務をおこない販売手数料の支払いを受ける仕入方法である。小売業は自己の名で販売し，代金の回収もおこなう。小売業は商品の所有権を持たないため，返品は発生しない。商品販売による損益は，委託者であるサプライヤーに帰属し，委託者の指示により廉売した場合の損失は負担しないうえに，約定の販売手数料を受け取ることができる。

契約内容については民法の委任の規定や商法の関連規定が準用され，受託者の受託商品に関する善管注意義務，受託者の報告義務，受託者の受領した代金などの引渡義務などが問題となる。善管注意義務とは，善良なる管理者の注意義務である。受領した代金などの引渡義務や消費者が支払わないときは支払いを負担する責任などである。

(4) 継続的取引の基礎知識

継続的取引では，取引の都度，契約細目を取り決めることは繁雑であるため，簡便に迅速に取引がおこなえるよう個別取引に共通の事項を基本約定書に記載し，これを基本契約とすることを継続的取引契約という。

基本約定書とは，継続的な取引の基本的事項（目的物の表示，継続的取引契約の期間，取引数量・納期・納入方法，代金支払方法，発注方法，取引条件変更方法，担保設定，債務不履行時の対処方法，連帯保証，解約・更新に関する事項など）や取引全体に共通する事項を合意により記載した契約書である。個別契約の方法は，基本契約で合意した方法にしたがって所定の発注書を送付しておこなう。

(5) 商品仕入の特殊形態

① 代理店・特約店契約

代理とは，代理人が本人から権限を与えられた範囲内でおこなう意思表示であり，本人に法律効果が帰属するものである。代理店による流通形態として，家電メーカーが町の電気店を代理店として販売網の拡大を図ったり，自動車メーカーが系列の販売会社を設立して，販売会社が代理店や特約店契約

を結んだりするなどの事例がある。代理店はメーカーや販売会社との売買契約を結ぶ一方で，消費者とも売買契約を結んでいる。

② フランチャイズ契約

　フランチャイズ契約とは，**フランチャイザー**（本部）が**フランチャイジー**（加盟店）に統一された販売や経営のノウハウを権利として使用させ，一定の**ロイヤルティ**（権利使用料）を徴収する契約形態である。原則として，商品は本部から一括して仕入れる。

(6) 独占禁止法

　サプライヤーと小売業などとの不公正な取引は，「私的独占の禁止および公正取引の確保に関する法律」（独占禁止法）によって禁止されている。

① 独占禁止法の目的

　独占禁止法は，経済憲法とも呼ばれ，経済分野における重要で基本的法律である。独占禁止法の運用において行政機関である公正取引委員会がこれにあたる目的は，以下の通りである。

　　1）私的独占，不当な取引制限，不公正な取引方法の禁止

　　2）事業支配力の過度の集中の防止

　　3）協定等の方法による生産，販売，価格等の不当な制限，事業活動の不
　　　当な拘束の排除

② 私的独占

　私的独占とは，競争を実質的に制限し，事業者が相互にその事業活動を拘束するものである。たとえば，ダンピング，差別価格，排他的特約店，価格支配，販路支配，株式取得などがあげられる。

③ 不当な取引制限

　不当な取引制限とは，正当な理由なく，または正常な商習慣上不当におこなわれた公正競争阻害性のある行為のことである。たとえば，各種カルテル（価格，生産，設備，技術，取引，入札談合）などがあげられる。

④ 不公正な取引方法

　どのような行為が不公正な取引にあたるかについてはたとえば，共同の取引拒絶，差別対価，不当廉売，再販価格維持，優越的地位の濫用の５つの行

為類型が法定類型として規定されている。また，公正取引委員会が公正な競争を阻害するおそれがある行為について6つの行為を指定類型としている。なお，指定類型には，すべての事業者に適用される一般指定と，特定の事業分野に属する事業者を対象とする特殊指定がある。一般指定では，取引拒絶，排他条件付取引，拘束条件付取引，再販売価格維持行為，優越的地位の濫用，欺瞞的顧客誘引，不当廉売，抱き合わせ販売などが指定される。また特殊指定では，大規模小売業者がおこなう不公正な取引方法，特定荷主がおこなう不公正な取引方法，新聞業の3つが指定されている。

⑤ 不公正な取引方法の禁止

独占禁止法第19条では，優越的地位の濫用などの不公正な取引方法を禁止している。これまで，優越的地位を背景に大手小売業がサプライヤーに対して協賛金の拠出を求めたり，商品納入後に納入価格を値引させたり，押付販売をおこなったり，新規オープン時に従業員の派遣要請を迫ったりするなどの行為が行政指導の対象となってきた。

⑥ 適用除外

独占禁止法の適用除外については，自然独占に固有な行為，事業法令にもとづく正当な行為，無体財産権の行使行為，一定の組合の行為，再販売価格維持適用除外制度，不況カルテル，合理化カルテルなどの行為が除外されている。

⑦ 違反行為に対する制裁等

違反行為があった場合には，公正取引委員会が各種調査によって排除措置命令を発出したり課徴金納付命令を発出したりする。刑事処分が取られる場合もある。

(7) 下請代金支払遅延等防止法

この法律の目的は，不公正な下請取引の排除による下請取引の適正化を図ることである。

① 適用事業者等

同法の適用対象は，親事業者と適用下請事業者の2者である。親事業者とは，(1) 資本金3億円超の法人事業者であり，個人または資本等の額が3億

円以下の事業者に対し製造委託，修理委託をする者，または，（2）資本等の額が 1,000 万円を超え 3 億円以下の法人事業者で，個人または資本等の額が 1,000 万円以下の法人事業者に対し製造委託，修理委託をする者である。

適用下請事業者とは，個人または資本等の額が 3 億円以下の法人事業者で（1）の親事業者から製造委託，修理委託を受ける者または個人または資本等の額が 1,000 万円以下の法人事業者で，（2）の事業者から製造委託，修理委託を受ける者である。

親事業者には，発注書面等の交付，書類の作成および保存，下請代金の支払期日，遅延利息の支払いなどの義務が課されている。

また，親事業者には，不当な受領拒否，不当な支払遅延，不当な代金減額，不当な返品，不当な買いたたき，不当な購入強制，報復的取引停止等，有償支給財の早期決済，割引困難な手形の発行などの禁止行為事項がある。

1-3 ┃ 販売に関する法知識

契約において，次の 3 つの原則を遵守する必要がある。1 つめは，権利の行使及び義務の履行は，信義にしたがい誠実におこなわなければならないという**信義則**である。2 つめは，**公序良俗**という考え方で，社会の一般的利益（公序）にもとづき，社会の一般的倫理（良俗）にもとづいて契約をおこなわなければならないということである。3 つめは，売買契約は，誰とでも，どのような契約でも，自由に締結することができるという**契約自由の原則**である。

(1) 消費者の保護から自立支援へ

消費者保護基本法（1968 年 5 月制定）は，消費者を保護し擁護する法律であったが，単なる消費者保護のとどまらず，自立する消費者の自立を促すことを重点とした消費者基本法（2004 年 6 月 2 日公布）に改正された。

この法律の基本理念としては，事業者の責務について，1）消費者との公正な取引の確保，2）販売員の正確な商品知識の獲得，3）消費者への臨機応変な商品知識の提供，4）クレーム処理の組織的体制の整備，5）企業の社会的責任として行政施策への協力が掲げられている（第 5 条）。

また，消費者の責務として，1）自らの知識習得努力の要請，2）環境に配

慮した行動や　デジタルメディアなどの著作権の保護への配慮行動への努力を掲げている（第7条）。

　消費者基本法に定められた条項は次のような特別法と結びついている。第11条の安全の確保では，製造物責任法，食品安全基本法，医薬品医療機器等法など，第12条の消費者契約の適正化等では，消費者契約法，特定商取引法など，第13条の計量の適正化では，計量法など，第14条の規格の適正化では，JAS法，JIS法など，第15条の広告その他の表示の適正化等では，食品衛生法，特定商取引法など，第16条の公正自由な競争の確保では，独占禁止法，景品表示法などである。

（2）消費者契約法

　消費者契約法の目的は，消費者の利益の擁護をはかることである。適用対象は，消費者が事業者と締結した契約（消費者契約）である。消費者と事業者との間には情報格差や交渉力格差が存在しており，事業者の行為により消費者が誤認したり，困惑したりして結んだ契約については契約の取消，あるいは消費者に一方的に不利な契約条項を無効とすることができる法律となっている。

COLUMN 15：商品の標準化や規格化に関する法律

　商品を標準化する目的とは，市場活動全般の効率性と公正性を高め，消費者に対して商品の理解や安全性を高めることにある。市場にあふれかえる無数の商品をできるだけ単純化し，秩序立てる役割を果たすものである。また，消費者が安全に安心して商品を購入することができるように，ある一定の基準に沿うことで商品の品質にバラつきなく，効率的な提供を可能とするのが規格化をする目的である。

　そこで国や業界団体では，提供する商品に対して，標準品または規格品であることを周知するために法律に則って作られた商品であることを示すマークを付して商品を販売している。たとえば，JIS マーク（工業標準化法），JAS マーク（JAS 法），特定 JAS マーク（JAS 法），特定保健用食品マーク（健康増進法，食品衛生法），ひし形の PSE マーク（特定電気用品：電気用品安全法），丸形の PSE マーク（特定電気用品以外の電気用品：電気用品安全法），BL マーク（優良住宅部品認定制度）などがある。

消費者が誤認して契約締結に至った場合，意思表示を取り消すことができる。取り消しをした場合，事業者は代金返還，消費者は商品の返品をおこなう**原状回復義務**が生じる。

　誤認類型には，次のようなものがあげられる。1つめは，重要事項について事実と異なることを告げる**不実告知**，2つめは，将来の不確実な変動を断定した情報として提供する**断定的判断の提供**，3つめは消費者が不利益となる事実を故意に伝達しない**不利益事実の不告知**などである。

　また，消費者が正常な判断を下せないような精神状態に陥り困惑して契約締結に至った場合，意思表示を取り消すことができる。

　困惑類型には，次のようなものがあげられる。1つめは，家に訪問して居座り消費者を困らせる**不退去**である。2つめは，消費者を勧誘している場所から消費者が退去する意思表示をしているのにもかかわらず，退去させない**退去妨害（監禁）**である。

　さらに，次のような消費者契約の条項は無効となる。1）事業者の債務不履行が起因となって消費者に生じた損害が発生した場合は，賠償する責任の全部または一部の免除，2）不当に高額な解約金，3）不当に高額な遅延損害金の条項については契約そのものが無効となる。

(3) 電子商取引における法律効果

　電子商取引における商品案内は，事業者の申込の誘引にあたり，消費者の購入申込みに対して，事業者が受注した旨を返信し，消費者にメールが到着した時点で，承諾の意思表示がなされ，契約が成立する。

　未成年者との取引において親権者等の同意なしで契約したことが判明したとき，契約が取り消される可能性がある。

　電子商取引において消費者保護の観点から，消費者契約法や特定商取引法（通信販売）が適用される場合がある。

　電子商取引において，特定商取引法や景品表示法が適応対象となる場合がある。たとえば，消費者向けのパソコン販売で，実際には内職が斡旋されないにもかかわらず，「商品購入により内職を斡旋する」などの表示は特定商取引法の規制を受ける可能性がある。また，商品やサービス内容，取引条件

や返品条件についての重要な情報は消費者が見落とすことのないように明確に表示することが求められ，必要な情報を得られないような表示方法の場合には景品表示法の規制を受ける可能性がある。

(4) 小売業の販売責任

　請負契約とは，請負人がある仕事を完成させることを約し，注文者がその仕事の結果に対して報酬を与えることを約する契約である（民法第632条）。具体的にはアパレル販売業者が完成品のアパレルを顧客に販売するのは売買契約であるが，顧客が持ち込んだアパレルに加工を加えて代金を受け取るのは請負契約となる。

　目的物に契約内容と不適合な部分がある時には，注文者は請負人に対して，期限を定めて不適合の補修を請求することができる。ただし，注文主が提供する材料の性質や注文者の指示によって不適合が生じた場合には追完請求や報酬の減額請求，損害賠償請求や契約の解除はおこなうことができない（民法第636条）。また，不適合部分がある場合にはそれを知った時から1年以内に請負人に通知しなければ請求できなくなる（民法第637条第1項）。さらに，注文者は請負人が仕事を完遂しない間はいつでも損害賠償請求ができ，契約を解除できる（民法第641条）。

　次に，返品は，契約の解除その他の理由による原状回復義務の履行としておこなわれる。買主には，代金の返還を請求する権利が生じる。詐欺や制限行為能力者の行為，錯誤による取消や返品も対象となる。

　保証書について，保証書なしの場合は不適合責任，債務不履行責任が発生する。保証書ありの場合は，保証契約にもとづく**保証責任**が発生する。

(5) 消費者保護と苦情処理

　消費者保護を目的とする法律として，1968年に制定された消費者保護基本法，その改正法として2004年に消費者基本法が制定された。その他，消費者保護に関する法律として，製造物責任法（PL法），消費生活用製品安全法，食品衛生法，薬事法，有害物質を含有する家庭用品の規制に関する法律，計量法，家庭用品品質表示法，不正競争防止法，消費者契約法，割賦販売法，

特定商取引法，無限連鎖防止法などの法律が制定されている。

　上記のような，事業者に対して弱い立場にある消費者を保護する様々な法律の制定に加えて，事業者に消費者の声を伝える仕組みも整備が進んでいる。たとえば，近年の商品の多様化や消費者被害の複雑化，多様化，広域化などに対して，独立行政法人国民生活センターや全国の消費生活センターなどが中心となり，消費者被害の未然防止や拡大防止のための情報共有や消費者相談などをおこなっている。国民生活センターでは **PIO-NET**（パイオネット：全国消費生活ネットワーク・システム）により，消費生活に関する相談情報を一元的に収集・管理する仕組みなどを作り対策にあたっている。

(6) 割賦販売法

　割賦販売とは分割払いで商品を販売することをいう。この割賦販売は，支払方法や割賦販売による金利が発生するという点で複雑な契約形態である。こうした割賦販売において，当事者が不利益にならないように割賦販売法で規制している。割賦販売法の目的は，1）購入者の利益保護，2）割賦販売取

COLUMN 16：**各種リサイクル法**

　リサイクル法とは，資源，廃棄物などの分別回収・再資源化・再利用を積極的に推進するために定められた各種のリサイクルに関する法律の総称をいう。日本政府が 2001 年に掲げた循環型社会形成推進基本法のもと，廃棄物の適正処理と 3R（リユース，リデュース，リサイクル）の推進という枠組みの中で，個別の物品の特性に応じた処理方法を示した規制として誕生した法律である。日本では，対象の種類ごとに，いくつかの法律に分かれている。

　主なものをあげると，瓶や缶，包装紙やペットボトルなどの分別回収や再資源化を促進する目的で制定された**容器包装リサイクル法**（1997 年施行），エアコン・洗濯機・冷蔵庫・テレビなどの家庭用の使用済み電気製品について製造業者・輸入業者に回収と再利用を義務化する目的で制定された**家電リサイクル法**（2001 年施行），食品に関する製造業者・加工業者・販売業者に食品のゴミの再資源化を促進させる目的で制定された**食品リサイクル法**（2001 年施行），その他，**建設リサイクル法**（2002 年施行），**自転車リサイクル法**（2005 年施行），**小型家電リサイクル法**（2013 年施行）などの各種リサイクル法がある。

引の公正性の維持，3）円滑な商品流通，役務の提供の実現にある。割賦販売法が適用される取引には，割賦販売（自社割賦），ローン提携販売，包括信用購入あっせん，個別信用購入あっせん，前払式特定取引の5つがある。

以下では，5つの割賦販売法についてみていく。

① 割賦販売（自社割賦）

割賦販売とは，代金を2か月以上の期間にわたり，かつ3回以上に分割して，受領することを条件として，政令で指定された商品等の販売・提供をおこなうことである。支払形態で分類した場合，個々の取引ごとに割賦払い契約などを締結する個品方式とクレジットカードを利用する方式に分かれる。後者の場合，予め設定した限度額の範囲内であれば，何度でも利用・購入できる**総合方式**と，予め設定した限度額の範囲内であれば何度でも利用・購入でき，月々の支払額も事前に定めた一定額となるリボルビング方式がある。

また，指定された商品の引渡しに先立って，購入者から2回以上にわたって代金の全部または一部を受領する**前払式割賦販売**もある。

② ローン提携販売

ローン提携販売とは，消費者が商品を購入する際に金融機関から商品代金を借り入れて，代金を2か月以上の期間にわたり，かつ3回以上に分割して金融機関に返済することを条件に，販売会社が消費者の債務を保証する販売方法である。

③ 包括信用購入あっせん

包括信用購入あっせんとは，あらかじめ信販会社やカード会社の審査を受けて会員になることにより，販売店でカードを提示するだけで，利用限度額範囲内で何度でも商品・サービスを購入することができる販売方法である。

④ 個別信用購入あっせん

個別信用購入あっせんとは，消費者が販売会社を通じて商品を購入するごとに購入者が販売業者と提携している信販会社やクレジット会社と立替払い契約を結ぶ販売方式である。

近年，個別信用購入あっせんの場合では消費者トラブルに発展する事例が多くみられるため消費者の権利強化が進んでいる。たとえば，訪問販売時の虚偽の説明によって結んだクレジット契約の取り消し，訪問販売時の過量販

売に伴うクレジット契約の解除，クレジット契約におけるクーリングオフ制度の導入などがある。クーリングオフ制度では，契約書面の受領から8日（連鎖販売取引，業務提供誘引販売は20日）以内であれば無条件に売買契約を解約できる（通信販売はクーリングオフ適用外）。

⑤ 前払式特定取引

前払式特定取引とは，商品売買の取次や指定役務の提供の取次をおこなう取引で，目的物の引渡しに先立って対価の支払いを受け，対価は2か月以上の期間に渡り，かつ，3回以上に分割して受領するという条件をすべて満たす取引をいう。たとえば「友の会」や「冠婚葬祭互助会」などがこれにあたる。

(7) 特定商取引法

特定商取引法とは，消費者トラブルが生じやすい取引類型を対象に，事業者が守るルールと消費者を守るルールを定め，指定役務の事業者による違法・悪質な勧誘行為などを防止し，消費者の守るための法律（2008年）である。特定商取引法の規制対象となる取引類型は，訪問販売，通信販売，電話勧誘販売，連鎖販売取引，特定継続的役務提供，業務提供誘引販売取引，訪問購入の7つである。

特定商取引法では，事業者に対して消費者への適切な情報提供をおこなわせる観点から，次のような行政規制をおこなっている。

  1）氏名等の明示の義務：勧誘開始前に事業所名や勧誘目的であることを告げる

  2）不当な勧誘行為の禁止：不実告知や，重要事項の故意の不告知，威迫して困惑させたりする勧誘行為を禁止

  3）広告規制：重要事項の表示義務，虚偽・誇大な広告の禁止

  4）書面交付義務：契約締結時等に，重要事項を記載した書面を交付する

また，事業者と消費者間のトラブルを防ぎ，消費者の救済を容易にするための民事ルールが以下のように定められている。

  1）クーリングオフ：申込または法定書面の受取から一定期間内であれば，無条件で解約できる。

  2）意思表示の取消し：事業者の不実告知や重要事項の故意の不告知等の

違法行為により，消費者が誤認し，契約の申込または承諾の意思表示をしたとき，消費者はこれを取り消せる。

3）損害賠償額等の制限：事業者が請求できる損害賠償額に上限を設定している。

① 訪問販売

訪問販売とは，店舗以外の場所でおこなう商品販売や役務提供行為をさす。訪問販売に対する行政規制は次の通りである。1つめは，事業者の氏名等の明示である。販売勧誘に先立って，事業者の氏名，勧誘目的であることの告知，販売しようとする商品の種類を告げなければならない。2つめは，再勧誘の禁止等である。勧誘に先立って消費者に勧誘を受ける意思があるか確認し，契約する意思がないことを示した後に改めて勧誘することを禁止している。3つめは，書面の交付である。事業者は申し込みを受けた商品の種類，販売価格，数量，支払時期，引渡時期，クーリングオフ等の所定事項を記載した書面を消費者に発行しなければならない。4つめは，禁止行為である。不実告知，故意の不告知，困惑を生じさせる威迫，公衆の出入りする場所以外での勧誘などは禁じられている。5つめは，事業者が，上記に反する行為をおこなった場合には業務改善指示や業務停止命令などの行政処分のほか，罰則の対象となっている。

また，主な民事ルールは次の通りである。1つめは，契約の申込の撤回または契約の解除（クーリングオフ）である。2つめは，過量販売契約の申込みの撤回または契約の解除である。3つめは，契約の申込またはその承諾の意思表示の取消しである。4つめは，契約を解除した場合の損害賠償額等の額の制限である。

クーリングオフの適用除外は，3000円未満の現金取引となる。

② 通信販売

通信販売とは，販売業者または役務提供事業者が，新聞，雑誌，テレビ，Web，郵便その他の方法によって契約の申込みを受けておこなう取引である。消費者は，郵便や電話，FAX，インターネット等を通じて商品購入の申込をする。ただし，電話勧誘販売は除く。

通信販売に対する行政規制は次のようなものがある。1つめは広告表示である。販売価格，支払時期と方法，商品の引渡時期，申込撤回・解除に関する事項，事業者の氏名・住所・電話番号，業務責任者の氏名，申込の有効期限，送料等の購入者負担額，契約内容不適合責任についての表示などを消費者にわかりやすく明示しなければならない。2つめは，誇大広告等の禁止である。有利誤認や優良誤認を生じさせるような広告を禁止している。3つめは，未承認者への電子メール広告の提供禁止である。事業者は消費者があらかじめ承諾しない限り電子メールの広告を送ってはならない**オプトイン規制**がある。4つめは，前払式通信販売の承諾等の通知である。前払式通信販売の場合，消費者が代金の支払後，商品の受け渡しに時間を要するときには，申込の諾否等の一定の事項を記載した書面を発行しなければならない。5つめは，契約解除に伴う債務不履行の禁止である。契約当事者双方に原状回復義務が課された場合，事業者は代金の返還，消費者は商品の返品をおこなわなければならず，これを拒否したり，遅延したりすることはできない。6つめは，顧客の意に反した契約申込をさせる行為の禁止である。

　事業者が，上記に反する行為をおこなった場合には業務改善指示や業務停止命令などの行政処分のほか，罰則の対象となっている。

　また，主な民事ルールは次の通りである。1つめは契約の申込の撤回または契約の解除である。通信販売では，商品の引渡しを受けてから8日間以内であれば購入者の送料の負担により契約申し込みの撤回や解除ができる。ただし，返品不可の表示がある場合には返品できない。

③ 電話勧誘販売

　電話勧誘販売とは，販売業者または役務提供事業者が電話をかけ，または消費者に電話をかけさせ，その電話においておこなう勧誘によって，消費者からの郵便，その他の方法によって契約の申込みを受けておこなう商品・権利の販売または役務を提供する販売方式である。

　電話勧誘販売に対する行政規制は次のようなものがある。1つめは，事業者の氏名等の明示である。2つめは，勧誘の継続，再勧誘の禁止である。3つめは，申込を受けた場合の申込内容の書面交付である。4つめは，前払式電話勧誘販売の承諾等の通知である。5つめは，不実告知，故意の不告知，

困惑を生じさせる威迫などの禁止行為である。

　事業者が，上記に反する行為をおこなった場合には業務改善指示や業務停止命令などの行政処分のほか，罰則の対象となっている。

④ 連鎖販売取引

　連鎖販売取引とは，物品の販売または役務の提供などの事業で，再販売，受託販売もしくは販売のあっせんをする者を，**特定利益**が得られると誘引し，**特定負担**を伴う取引をおこなう取引方法である。入会金，保証金，商品などの名目問わず取引をおこなうために何らかの金銭負担が生じるものはすべて連鎖販売取引である。

　連鎖販売取引に対する行政規制は次のようなものがある。1つめは，統括者，勧誘者，または一般連鎖販売業者の氏名等の明示である。2つめは，不実告知，故意の不告知，困惑を生じさせる威迫，勧誘目的を告げない誘引などの禁止行為である。3つめは，広告の表示である。4つめは，誇大広告等の禁止である。5つめは，未承認者への電子メール広告の提供禁止（オプトイン規制）である。6つめは，概要書面と契約書面の交付である。

　事業者が，上記に反する行為をおこなった場合には業務改善指示や業務停止命令などの行政処分のほか，罰則の対象となっている。

⑤ 特定継続的役務提供

　特定継続的役務提供とは，指定役務として定められた特定継続的役務を，一定期間を超える期間にわたり，一定金額を超える対価を受け取って提供することである。指定役務には，1）エステティックサロン，2）美容医療，3）語学教室，4）家庭教師，5）学習塾，6）パソコン教室，7）結婚相手紹介サービスの7つがある。1）と2）については1か月を超えるもの，3）〜7）については2か月を超えるものが該当する。また，いずれも総額5万円以上が対象となる。

　特定継続的役務提供に対する行政規制は次のようなものがある。1つめは，概要書面と契約書面の交付である。2つめは，誇大広告等の禁止である。3つめは，不実告知，故意の不告知，困惑を生じさせる威迫などの禁止行為である。4つめは，事業者の業務および財産状況を記載した書類の閲覧等である。事業者が，上記に反する行為をおこなった場合には業務改善指示や業務停止

命令などの行政処分のほか，罰則の対象となっている。

⑥ 業務提供誘引販売取引

　　業務提供誘引販売取引とは，物品の販売もしくは役務の提供，またはそれらのあっせんの事業で，その商品（役務）を利用する業務に従事することにより得られる「業務提供利益」を収受できることを謳って相手方を誘引し，その者と特定負担を伴う取引をする取引をさす。

　業務提供誘引販売取引に対する行政規制は次のようなものがある。1つめは，事業者の氏名や契約目的等の明示である。2つめは，不実告知，故意の不告知，困惑を生じさせる威迫，勧誘目的を告げない誘引などの禁止行為である。3つめは，広告の表示である。4つめは，誇大広告等の禁止である。5つめは，未承認者への電子メール広告の提供禁止（オプトイン規制）である。6つめは，概要書面と契約書面の交付である。

　事業者が，上記に反する行為をおこなった場合には業務改善指示や業務停止命令などの行政処分のほか，罰則の対象となっている。

⑦ 訪問購入

　訪問購入とは，物品の購入業者が営業所等以外の場所で消費者から物品の購入をおこなう取引方法である。

　訪問購入に対する行政規制は次のようなものがある。1つめは，事業者の氏名，契約目的等の明示である。2つめは，不招請勧誘の禁止である。いわゆる飛び込み勧誘や消費者からの査定依頼があった場合に，依頼以上に勧誘をおこなうことは規制の対象となる。3つめは，勧誘の継続，再勧誘の禁止である。4つめは，申込内容に関する書面交付である。5つめは，物品の引渡しの拒絶に関する告知である。6つめは，不実告知，故意の不告知，困惑を生じさせる威迫などの禁止行為である。7つめは，第三者への物品の引渡についての契約相手方への告知である。8つめは，事業者が物品の引き渡した第三者に対する通知である。

　事業者が，上記に反する行為をおこなった場合には業務改善指示や業務停止命令などの行政処分のほか，罰則の対象となっている。

(8) ネガティブ・オプション

ネガティブ・オプションとは，一方的に商品を送付し，相手側が購入しない意思表示をしない限り，購入の意思があるとみなして代金を請求する取引方法で，いわゆる送りつけ商法とも呼ばれる。防止措置としては，販売業者が，売買契約にもとづかないで，一方的に商品を送付した場合，その送付があった日を含め14日以内に，受け取った者が購入の承諾をせず，販売業者が商品の引き取りをおこなわなかった場合，販売業者は，その商品の返還を請求できない。

1-4 | 商標法，不正競争防止法，景品表示法

(1) 商標法

商号とは，事業を法人登記する際に必要となる会社名のことである。また，商標とは，「人の知覚によって認識することができるもののうち，文字，図形，記号，立体的形状もしくは色彩またはこれらの結合，音その他政令で定めるもの」と定義されている。商標には，文字商標，色彩商標，図形商標，記号商標，立体商標，結合商標，音商標なども認められている。これらのうち登録を受けた商標を**登録商標**という。

ただし，次に示すものは商標として登録することはできない。1つめは，その商品または役務の普通名称であるもの。2つめは，慣用されている商標であるもの。3つめは，産地や原材料，効能その他を普通に表示するだけの商標であるもの。4つめは，ありふれた氏や名称などであるもの。5つめは，極めて簡単で，かつありふれた商標であるもの。6つめは，業務主体を認識できない商標であるもの。7つめは，国旗や外国国旗であるもの。8つめは，国連，国際赤十字等を示す標章であるもの。9つめは，他人の周知商標と同一，または類似の商標であるもの，などがあげられる。

登録は特許庁が所管となっており，登録は原則的に先願者優先である。地域名称と商品名からなる地名入り商標が組合などに使用されている場合には，一定条件の下で**地域団体商標**として登録することが可能である。

商標権の存続期間は設定登録の日から満10年であるが，更新登録の出願をすれば更新することができる。ただし，継続して3年以上使用していない商標については，誰でも取消審判を請求できる。

（2）不正競争防止法

不正競争防止法は，事業者間の不正な競争を防止するため以下の行為が禁止されている。

1つめは，**混同惹起行為**である。広く知られた他人の商品等表示を使用し誤認させる行為をいう。2つめは，**著名表示冒用行為**である。著名な他人の商品等の表示を使用する行為をいう。3つめは，**商品形態模倣行為**である。実質的に同一形態の商品を譲渡，貸し渡し，またはそのために展示，輸出入する行為をいう。4つめは，営業秘密にかかる不正競争行為である。秘密管理性・有用性・非公知性の用件を満たす生産方法や販売方法，その他の技術上，営業上の有用な情報である**営業秘密**を不正に取得する行為をいう。5つめは，デジタル・コンテンツの技術的制限手段の無効化装置を譲渡等する行為である。コピープロテクション解除技術などを用いて，不正目的で視聴・実行・記録を可能にするプログラムの提供をおこなうなどの行為をいう。6つめは，ドメイン名不正登録等行為である。他人の商品表示と同じか類似のドメイン名を使用する権利を取得し，そのドメイン名を使用する行為をいう。7つめは，原産地等誤認惹起行為である。商品や役務の原産地，品質，内容，製造方法，用途，数量等について誤認させる表示行為をいう。8つめは，営業誹謗行為である。競争関係にある他人の営業上の信用を害するような虚偽の事実の告知し，または流布する行為をいう。9つめは，代理人等による商標冒用行為である。輸入代理店による海外商標の無断利用などの行為をいう。

これらの違反者に対しては，権利を侵害された者から侵害行為の差止め請求をすることができ，違反者には，罰金や懲役の刑罰が科せられる。

（3）景品表示法

顧客を誘引するために景品類を提供する場合，不当景品類及び不当表示防止法（景品表示法）の規制を受けることになる。

内閣総理大臣は，不当な顧客の誘因を防止するために必要があると認められる時は，景品類の価格の最高額または総額，提供の方法その他の事項を制限し，または禁止することができまる。総付（べた付）景品についての規制は，取引額 1,000 円未満の場合の景品類の最高額は 200 円，取引価格 1,000 円以上の場合は取引価格の 20％となっている。

　事業者が顧客を誘引するための手段としておこなう，次のような**不当表示**を禁止している。1 つめは，販売する商品やサービスの品質，規格，その他の内容が競争業者のものよりも著しく優れていると消費者に誤認させるような優良誤認表示をすることである。2 つめは，価格，数量，その他の取引条件について実際のものや競争業者のものよりも著しく有利であると消費者に誤認されるような有利誤認表示をすることである。3 つめは，内閣総理大臣が指定する，消費者が誤認するおそれのあるものとして認められる表示をすることである。

　くじやその他の偶然性を利用した**懸賞**では，提供する景品類の最高額，総額は規定されている。景品類の最高額は，取引価格が 5,000 円未満の場合は取引価格の 20 倍，取引価格が 5,000 円以上の場合は 10 万円と定められている。

　また，懸賞に提供する場合の景品類の総額は，懸賞に係る売上予定総額の 2％以内とされ，共同懸賞の場合には，取引価額にかかわらず 30 万円であり，売上予定総額の 3％以内と決められている。

　こうした景品類や表示に関する事項は，内閣総理大臣および公正取引委員会等の認可を受けて，不当な顧客の誘引を防止し，一般消費者による自主的かつ合理的な選択ができるよう，多数の業界で公正競争規約にもとづく表示が定められている。

1-5 ┃ リスクマネジメント

　小売業は，顧客との間で商品やサービスと現金を交換するビジネスをおこなうことから，店舗の規模にかかわらず**リスクマネジメント**（危機管理）が必要である。

　高度情報通信社会へと進展したことにより，個人情報の利用も急速に増加してきている。そして，個人情報の不正利用，個人情報の漏洩事件などが頻

発している現状がある。そうした背景の中，個人情報の有用性に配慮しつつ，個人の権利や利益を保護することを目的として**個人情報保護法**（改正 2015 年）が施行された。

　個人情報保護法では，個人情報を次の３つに分けている。１つめは，**個人情報**である。個人情報とは，生存する個人に関する情報で，特定の個人を識別できる情報，たとえば氏名や映像情報，特定個人と結びつく生年月日，連絡先，顔認識データや個人の身体的特徴を変換したものなどである。２つめは，**個人データ**である。50 音順の顧客名簿やメールアドレスなど個人情報データベースなどを構成する個人情報である。３つめは，**保有個人データ**である。個人データのうち６か月を超えて保有する個人データなどである。

　個人情報保護法の下では個人情報データベースを利用して事業活動をおこなう者を**個人情報取扱事業者**と定め，個人情報の利用においては，あらかじめ利用目的を可能な限り特定する，利用目的の範囲内で取り扱う，適正な方法で個人情報を取得する，取得する際には，利用目的を通知・公表しなければならない。また，個人情報データベース等の個人情報を取り扱う場合には安全管理措置を講じ，第三者に個人データを提供する場合には，事前に本人の同意を得なければならない。これら個人情報を不正目的で利用・盗用した場合にはデータベース提供罪に問われることになる。

　個人情報保護法の施行により，小売業でもこれまで以上の個人情報管理が求められるようになってきた。とくに FSP を実施している小売店では注意が必要である。

　小売業が取り扱う個人情報には，顧客に関する個人情報，従業員に関する個人情報，仕入先企業による個人情報，メールアドレス，防犯カメラに録画された個人の画像等が個人情報に該当するため，その安全管理措置については事前に対策を検討しておく必要がある。

2 小売店経営における計数管理と計算実務

本節では，計数管理の重要性と利益獲得のフロー，店舗運営・管理において必要となる計算実務，売場の効率性を高めるために知るべき指標についてみていく。

2-1 計数管理と利益獲得フロー

小売業の経営において，売上を高めるための日々の努力とともに利益を減らす原因となるムダをいかに抑えるかが重要である。また，売り場で得られる利益がどのような流れで生じているのかといった経営の仕組みを数字の面で理解することが必要である。以下では，様々な利益獲得のためのフローを概観していく。

小売経営において獲得できる利益には次のような種類がある。

① 売上総利益（粗利益高）

売上総利益とは，売上から商品原価をさし引いた大雑把な企業の利益を表している。売上総利益は次の計算式により求められる。

  売上総利益 ＝ 総売上高 － 売上原価 － ロス（品減り）高

② 店舗調整可能利益

店舗調整可能利益とは，売上総利益から人件費や水道光熱費，販売促進費，什器・備品費，包装費，在庫金利など店舗運営において調整可能な費用をさし引いた利益である。店舗調整可能利益は次の計算式により求められる。

  店舗調整可能利益 ＝ 売上総利益（粗利益高）－ 調整可能費用

③ 店舗営業利益

店舗営業利益とは，店舗調整可能利益から家賃や本部費用などの営業費用をさし引いた利益である。店舗営業利益は次の計算式により求められる。

  店舗営業利益 ＝ 店舗調整可能利益 － 営業費用

④ 店舗純利益

店舗純利益とは，店舗営業利益からチェーンストアの本部スタッフ各部の

費用をさし引いた利益である。店舗純利益は次の計算式により求められる。

店舗純利益 ＝ 店舗営業利益 － その他（本部スタッフ各部の費用）

2-2 ｜ 店舗経営に必要な計算実務

(1) 棚卸による期間粗利益高の算出

棚卸とは，一定時点（決算期，月末）の店舗の商品在庫について，数量や金額を明らかにすることである。棚卸では，帳簿上でおこなう**帳簿棚卸**と実際に数えておこなう**実地棚卸**があり，両者を比較することでロスの発生を知ることができる。これにより正確な売上原価が算出でき，粗利益高が計算できる。

売上原価 ＝ 期首商品棚卸高 ＋ 当期商品仕入高 － 期末商品棚卸高

粗利益高（売上総利益）＝ 総売上高 － 売上原価 － ロス（品減り）高

① 売価還元法による在庫の評価

在庫の評価では，売価還元法を用い，売価の在庫金額を原価に還元する方法がある。まず，期末の商品在庫高を売価で評価し，得られた原価率をもとに売価ベースの期末商品棚卸高に乗じて原価ベースの期末商品棚卸高を計算する，という流れである。その計算式は以下の通りである。

原価率 ＝（期首商品棚卸高（原価）＋ 当期商品仕入高（原価））

÷（売上高 ＋ 期末商品棚卸高（売価））× 100

期末商品棚卸高（原価）＝ 期末商品棚卸高（売価）× 原価率

② 不明ロスへの対応

不明ロスとは，原因不明のロスであり，万引や盗難という外部要因に加え，レジでの登録ミス，値下げ，廃棄伝票の付け忘れ，従業員の不正行為などの内部要因がある。不明ロスを求める計算式は以下の通りである。

不明ロス高（原価）＝（帳簿期末商品棚卸高（売価）

－ 実施期末商品棚卸高（売価））× 原価率

(2) 在庫の効率化による粗利益の改善

① 商品回転率，商品回転期間

商品回転率とは，一定期間内に商品がどれだけ売れたかを示す指標で，平

均在庫高の回転の速さを測り，商品回転率が高ければ，在庫管理が効率的であることを示す。商品回転率に関わる内容は，次の計算式で求められる。

　　　商品回転率（回）＝年間売上高÷平均在庫高（売価）
　　　平均在庫高（売価）＝（期首商品棚卸高（売価）
　　　　　　　　　　　　　　　　＋期末商品棚卸高（売価））÷2
　　　商品回転期間（日）＝365（日）÷商品回転率

② 交差比率

　交差比率とは在庫が儲かっているかという在庫の投資効率をみる指標である。粗利益率と商品回転率，それぞれ単独の指標で小売業の経営を判断するのは早計である。両者は逆の動きを示す傾向があるため，両者を掛け合わせた交差比率によって販売効率をみていくことが必要である。交差比率の数値が高いほど販売効率が高いことを示している。

　　　交差比率（％）＝粗利益率（％）×商品回転率（回）
　　　交差比率（％）＝粗利益高÷平均在庫高（売価）×100

（3）商品ミックスによる粗利益の改善

　小売経営では，競争業者との対抗価格や気候や物価水準の変化による仕入価格の変動などの要因により，商品ごとの粗利益率が常に変化する。そのため，部門や品群全体の売上高と粗利益率をコントロールする**商品ミックス**の考え方が必要になる。そこで，相乗積を用いて**粗利ミックス**を検討する必要がある。相乗積が高いほど部門貢献度が高いことになる。

　　　相乗積＝売上構成比（％）×粗利益率（％）

（4）売買損益の計算法

　売買損益計算とは，売上総利益（粗利益高）を算出するまでの計算過程をさす。売上総利益を算出する方法は以下のようになる。

① 純売上高の計算

　　　純売上高＝総売上高－（売上返品高＋売上値引高）

② 純仕入高の計算

　　　純仕入高＝総仕入高－（仕入返品高＋仕入値引高）

③ 売上原価の計算

　　　売上原価 ＝ 期首商品棚卸高 ＋ 当期商品仕入高 － 期末商品棚卸高

④ 売上総利益の計算

　　　売上総利益 (粗利益高) ＝ 総売上高 － 売上原価 － ロス (品減り) 高

2-3 ┃ 売場の効率化をはかる指標

　小売経営において効率化を測る指標は様々あるが，ここでは人件費に関わる指標についてみていく。

　従業員1人が1時間あたりどれだけの粗利益高 (売上総利益) を生み出したかという尺度のことを**人時生産性**という。人時生産性は次の計算式で求められる。

　　　人時生産性 ＝ 粗利益高 (売上総利益) ÷ 総労働時間

　人時生産性は，次の5つの方策により向上させることができる。1つめは，ロスを削減し，仕入原価の引き下げることにより粗利益率を向上させることである。2つめは，少数の従業員で仕事ができるよう1人1時間当たりの売場の持ち場を拡大することである。3つめは，売場からデッドストック (死蔵在庫) を排除し，売れ筋商品主体の商品構成にすることである。4つめは，売れ筋商品などの欠品を防止し，適正在庫を維持することである。5つめは，坪当たりの売上高を増大させることである。

　次に，小売経営において人件費が適正な水準かどうかを判断するために，**労働分配率**という指標を用いて効率性を把握する方法がある。労働分配率とは，粗利益高のうち，どのくらいが総人件費に充てられたかを示した比率である。人件費には，従業員の給与，賞与，教育費，採用費，福利厚生費，退職給付費用，社会保険料の事業者負担などがある。労働分配率は次の計算式で求められる。

　　　労働分配率 ＝ 総人件費 ÷ 粗利益高 (売上総利益)

　労働分配率は企業規模や業種によってその数値は異なるが，一般的には30%以下であることが健全経営の目安となっている。

　労働生産性を認識するために，労働分配率の計算式を次のように展開することができる。

総人件費 ＝ 粗利益高（売上総利益）× 労働分配率

１人当たり平均人件費 ＝ 労働生産性 × 労働分配率

　すなわち，労働分配率を一定に保ちながら，人件費を増やすとすると労働生産性を向上させる以外にないことがわかる。

　また，労働生産性を上げるためには粗利益高を増やすか，従業員数を減らすかのいずれかしかない。粗利益高を増やすために売上高を上げようとしても，さらに従業員数が必要になるかもしれないし，従業員数を減らして効率性を高めようとしても労働力が減ってしまってはそれまでの売上が維持できないかもしれない。労働分配率についても同様で，様々な要素が絡み合っているため，労働生産性や労働分配率を改善するためには，事業の仕組みや社内環境の見直しなど全社的な取組みが必要になる。

販売活動に求められる決算データと経営分析

本節では，損益計算書上の利益の種類，広義と狭義の経営分析，小売経営を管理するうえで重要となる主要な経営分析指標についてみていく。

3-1 損益計算書における利益の種類

小売業の経営では，日々の販売活動による損益状況を正確に把握する必要がある。損益計算書上（報告式）から５つの利益が示される。

① 売上総利益（粗利益高）＝ 売上高 － 売上原価

売上総利益とは，商品等の販売から得られる利益のことで，小売業では粗利益高と呼ばれている。

② 営業利益 ＝ 売上総利益 － 販管費（販売費および一般管理費）

営業利益とは，本業で獲得した利益であり，小売業では商品の販売やサービスの提供により得られる対価のほかテナント収入や不動産収入があげられる。

③ 経常利益 ＝ 営業利益 ± 営業外損益

経常利益とは，営業利益に本業以外の損益である営業外収益および営業外費用を加減したものである。企業の経常的な利益獲得能力を示すものである。

④ 税引前当期純利益 ＝ 経常利益 ± 特別損益

税引前当期純利益とは，法人税等が確定する前の利益のことである。

⑤ 当期純利益 ＝ 税引前当期純利益
$$－ 法人税等（法人税 ＋ 事業税 ＋ 市町村税）$$

当期純利益とは，法人税等をさし引いた最終利益のことであり，株主などの出資者への利益分配の源泉となる利益である。

3-2 広義の経営分析

経営分析とは，企業の財務データおよび非財務データを基礎として，その企業の経営状態を客観的・計数的に判断するための技法である。具体的には，企業の財政状態（B/S：貸借対照表）および経営成績（P/L：損益計算書）を財

務諸表上（B/S，P/L）の数値を用いて分析することをいう。

広義の経営分析とは，2期以上の財務諸表をもとに，収益性・安全性・生産性・成長性などを比較する財務諸表分析，損益分岐点分析，キャッシュフロー分析，会計数値以外の情報も含めた企業価値の分析等に関する総称のことである。

また，狭義の経営分析とは，今期と前期について，損益計算書では収益性を，貸借対照表では安全性を分析することである。

(1) 財務諸表による分析

財務諸表では，収益性と流動性（安全性）と成長性を把握することができる。収益性とは，利益のあがる能力，程度，度合いを示す。これには，資本収益性を表す資本利益率，その計算式を展開して示される資本回転率と売上高当期純利益率などがある。

流動性（安全性）とは，会社の自己資本力をみる自己資本比率や企業の支払い能力をみる流動比率などを分析する指標である。

成長性とは，企業の成長度合いを示すもので，売上高成長率，経常利益成長率，総資本増加率などがある。当期と前期を比較して伸び率をみることで把握することが可能である。

(2) 損益分岐点分析

損益分岐点とは，売上高と総費用が一致する点（Break Even Point）を意味し，この点上にある売上高を**損益分岐点売上高**という。すなわち，この損益分岐点売上高を超える売上高を達成した時には利益が計上され，下回った時には損失が計上されることになる。損益分岐点分析をおこなう際には，総費用を変動費と固定費に分解する必要がある。

現在の売上高が損益分岐点を上回っている場合であっても，変動費が上昇すれば損失になる場合もあるし，下回っている場合でも変動費を抑制できれば利益を得ることも可能となる。損益分岐点分析を用いれば，利益を出すために現在の売上高をどこまで下げられるかなどの安全余裕率を求めるシミュレーションすることも可能である。

3-3 ｜ 狭義の経営分析

(1) 資本利益率

　資本利益率とは，投下資本に対する利益の回収割合を意味し，投資の採算性を考えるうえでの指標である。資本利益率を求める場合の資本は，貸借対照表上において，他人資本，純資産（自己資本），総資本の３つで示される。

　資本利益率では，**総資本経常利益率**（経常利益 ÷ 総資本）と**自己資本利益率**（当期純利益 ÷ 自己資本）をみる。前者は，通常の状態で企業がどれだけの利益を上げることができるかを示す指標であり，後者は，株主から調達した資金と過去の収益のうち内部留保していた資金により，どの程度の利益をあげているかをみる指標である。

(2) 資本利益率の低下要因

　資本利益率は，売上高純利益率と資本回転率の２つの要素に分解することができる。売上高純利益率は会社全体の収益力を示すものであるが，これに代わって**売上高総利益率**や**売上高営業利益率**が用いられる場合もある。資本回転率は，企業が総資本をどの程度効率的に活用しているかを示すもので，自己資本回転率（売上高 ÷ 自己資本）や総資本回転率（売上高 ÷ 総資本）などの指標がある。

　資本利益率が低下する要因には，売上高の減少や売上原価の上昇，金利負担の上昇があげられ，この場合には売上高純利益率が悪化する。また，受取手形や売掛金などの**売上債権**の回収状況の悪化や商品回転率の悪化，収益に貢献しない固定資産の保有などがある場合には総資本回転率が悪化する。

3-4 ｜ 主要な経営分析指標

(1) 収益性の分析

　収益性の分析をおこなう場合には次の３つの指標が用いられる。
① 売上高総利益率 ＝ 売上総利益（粗利益高）÷ 売上高 × 100

売上高総利益率とは，販売する商品の利益率・収益性が高いかどうかを示す指標で，この数値が高いほど収益性が高いことを示している。

② 売上高営業利益率 ＝ 営業利益 ÷ 売上高 × 100

　売上高営業利益率とは，売上高のうちどれくらいが営業利益として残るかを示す指標で，この数値が高いほど本業での収益性が高いことを示している。

③ 売上高経常利益率 ＝ 経常利益 ÷ 売上高 × 100

　売上高経常利益率とは，売上高に占める経常利益の割合を示す指標で，この数値が高いほど資産の売却損益などを除いた通常の経営活動における企業の収益力が高いことを示している。

(2) 安全性の分析

　安全性の分析をおこなう場合には次の5つの指標が用いられる。

① 流動比率 ＝ 流動資産 ÷ 流動負債 × 100

　流動比率とは，企業の短期的な債務の支払能力をみる指標であり，この数値が120 〜 130％以上は必要とされ，理想的には200％といわれている。

② 当座比率 ＝ 当座資産 ÷ 流動負債 × 100

　当座比率とは，流動資産の中でもより現金化されやすい当座資産と流動負債を比較し，短期の支払い能力をみる指標であり，この数値が100％以上は必要とされ，100％未満だと短期の資金繰りに苦しんでいることがわかる。

③ 固定比率 ＝ 固定資産 ÷ 自己資本 × 100

　固定比率とは，固定資産がどの程度，自己資本でまかなわれているかを示す指標で，この数値が低いほど安全性が高いことを示し，理想的には100％未満であることが望ましいといわれている。

④ 固定長期適合率 ＝ 固定資産 ÷（自己資本 ＋ 固定負債）× 100

　固定長期適合率とは，会社の収益を生み出す固定資産が安定した資金で賄えているかを示す指標であり，この数値が低いほど安全性が高いことを示し，150％程度になると危険と判断される。

⑤ 自己資本比率 ＝ 自己資本 ÷ 総資本 × 100

　自己資本比率とは，返済不要の自己資本が全体の資本調達の何％を占めるかを示す指標であり，この数値が高いことが資本の健全性を示し，50％を超

えることが理想的である。

（3）効率性の分析

効率性の分析をおこなう場合には次の 6 つの指標が用いられる。

① 売上債権回転率（回）＝ 売上高 ÷ 売上債権

売上債権回転率とは，売上債権を回収する速さを示す指標で，この回転数が大きいほど，売上債権が効率的に回収されることを示している。

② 売上債権回転期間（日数）＝ 365 日 ÷ 売上債権回転率（回）

売上債権期間とは，売上債権がどれくらいの期間で回収できるかを示す指標で，この日数が短いほど債権回収までの期間が短いことを示している。

③ 仕入債務回転率（回）＝ 仕入高 ÷ 仕入債務

仕入債務回転率とは，買掛金や支払手形などの仕入債務がどの程度残っているかを示す指標で，この回転率が大きいほど支払いまでに時間を要していないことを示している。

④ 仕入債務回転期間（日数）＝ 365 日 ÷ 仕入債務回転率

仕入債務回転期間とは，仕入債務が発生してから消滅するまでの期間を示す指標で，この日数が短いほど仕入債務の返済がスムーズにおこなわれていることを示している。

⑤ 商品回転率（棚卸資産回転率）＝ 売上高 ÷ 棚卸資産（商品）

商品回転率とは，「一定期間内に商品がどれくらい売れたか」を示す指標で，この回転数が大きいほど，その商品が良く売れていることを示している。

⑥ 平均在庫日数（商品回転期間）＝ 365 日 ÷ 棚卸資産（商品）回転率

平均在庫日数とは，仕入から販売までの期間を示す指標で，この日数が短いほど販売効率が高いことを示している。

4 小売業における組織の基本原則と 従業員管理

本節では，小売業における組織の概念，雇用・就業の動向と従業員管理について，人材育成とリーダーシップのあり方についてみていく。

4-1 | 組織の概念

(1) 組織の基本原則

組織とは，一定の目的を達成するために統括された複数の人間の活動の体系である。組織を運営・維持していくためには，次に示す組織の基本原則に則した組織体を形成する必要がある。

① 三面等価の原則

三面等価の原則とは，職務を明確に規定する原則が貫かれ，職務における責任・権限・義務の大きさが等しくなければならないとすることである。

② 指令系統の統一化の原則

指令系統の統一化の原則とは，ある者に指令を発する人物は，ただ一人でなければならないとする原則である。この原則により，組織の混乱を防ぐことができる。

③ 統制範囲の原則（スパン・オブ・コントロール）

統制範囲の原則とは，1人の管理監督者の統制する部下の人数には限界があり，部下の遂行結果を評価しうる適正な人数を正しく把握する必要があるとする原則である。一般的に，管理監督者の統制しうる部下の数は，上層部で5～6名，末端では20名程度といわれている。

④ 専門化の原則

仕事は，関連する事項ごとにまとめて分業して遂行するほうが能率的であるとするのが**専門化の原則**である。また，個人に割り当てられる職務は，できるだけ同質の活動であることが望ましいとするのが**同質的な職務割当の原則**である。

⑤ 権限委譲の原則

　権限委譲の原則とは，職務の一部を部下に委任する場合，必要な権限も委譲しなければならないとする原則である。また，これと併せて，常軌的な職務はできるだけ部下に任せ，管理者は例外事項に専念すべきであるとするのが**例外の原則**である。

⑥ファンクショナル組織

　ファンクショナル組織とは，商品開発，仕入，販売，管理などの経営機能ごとに編成された組織形態のことである。

(2) 組織の存続条件と対策

　組織を存続させ，発展させていくための基本的条件は3つある。1つめは，個人の組織への貢献意欲をいかに高めるかである。2つめは，従業員から提供される活動を，いかに動態的に調整するかである。3つめは，組織の戦略目的をどのようにみつけ，どのように行動するかである。変化の激しい市場環境の中で，存続し続ける，発展し続ける組織を作るための代表的な組織管理方法の1つは，反応の早い組織を作ること，もう1つは柔軟な組織を作ることである。

　前者は，組織の末端に責任と権限を与える分権化である。そのための方法には，事業部制，プロジェクトチーム，ゼネラルスタッフ制，フラット組織などを推進することがある。これにより，顧客に対する細やかな対応，取引先とのスピーディな取引による業務面の効率化が図られることになる。

　また，後者は，柔軟な組織を作るために硬直化しやすい課制の廃止や業務量に応じた人員動員を可能にする変動勤務体制（**パートタイマー制**，**フレックスタイム制**）への移行，組織体制や管理方法の変革だけでなく，組織風土の変容を図ろうとする**組織開発**や企業内外の組織との連携強化を目指したネットワーク組織の導入などがあげられる。

4-2 | 雇用・就業の動向と従業員管理

(1) 職場の人事管理

　人事管理（パーソナル・マネジメント）とは，従業員一人ひとりに関する採用・配置，教育訓練，モラールの向上などを図るための管理手法である。

　人事管理の主な領域は，全般的人事管理と職場における人事管理である。全般的人事管理では，人事管理の方針や計画を立て，職場の社会秩序維持に必要な対策を策定し，労働力の有効活用を考案することである。また，職場における人事管理では，組織と仕事の基盤を作る人事管理情報，人材の効率的活用を考える人事管理，職務と職能による成果と生活基盤の向上を考える労働条件管理，労働意欲の充足について考える人間関係管理，経営秩序の維持を考える労働関係管理の5つに大別される。

(2) 職務割当

　職務割当とは，職場の目的を達成するために従業員を適材適所に配置することをいう。そのためには，まず，職場に課せられた目的の性格や対象，範囲，期間，施設，予算，人員などを数量化し，文章化して目的を明確化する。そして，その目的を達成するために必要となる職能を体系化し，与えられた人員数を設定することで職務を決定する。職務ごとに責任や権限，遂行方法などを決定し，これを個々の従業員に割り当てる**固有の職務割当**をおこなうという一連の手順で実施することになる。

　職務割当では，管理者による職務分析と配置する従業員一人ひとりの把握がきわめて重要となる。職務分析においては，すべての職務を分析する**職務個別調査法**と，全職務のうち基準となる職務だけを分析し，それ以外の職務の差異分析をおこなう**職務分析比較法**がある。職務分析するための情報収集方法として，**観察法**，**質問法**，**体験法**，**実験法**などがある。これにより，職務ごとの仕事の性質や範囲，困難性の程度などを分析することができる。

　また，配置する従業員一人ひとりの把握においては，一般職業適性検査や心理テストが人事考課上，参考になる上，職務配置だけでなく，昇給や昇進

にも活用される。人事考課にあたっては，特徴評価法，照合表法，多項目総合評定法などが用いられる。その実施において，目的や職務内容に応じた考課要素を選定し，評価者が公正に考課をおこない，客観的な評価方法を用いて，可能な限り心理的偏向を回避することが望まれる。

(3) 就業管理と就業規則

就業管理とは，従業員に就業規則を守らせて職場の秩序を維持し，労働時間や休日などの労働条件を最適なものにして就業しやすい環境を整えるための働きかけをすることである。

労働基準法では，常時 10 人以上を雇用する企業には，職場の規律を定めるルールの制定が義務付けられている。

また，企業が従業員の就業管理をする一方で，従業員は企業が定めたルールである**就業規則**や**服務規律**にしたがって職務につかなければならない。服務規律には，たとえば，会社の名誉や信用を傷つけてはならない，職務上の機密事項を漏洩してはならない，正当な理由なく上長の指示命令に従わないことがあってはならないなどが定められている。これらの会社が定めたルールに違反した場合には，**懲戒規定**が適用され，注意，戒告，譴責，減給，出勤停止，懲戒休暇，降職，懲戒解雇などの処分を受けることになる。

管理者は従業員の職場での規律を守らせるために就業規則を基礎にした具体的な**業務命令**を出さなくてはならない。

さらに，従業員に就業規則を遵守させるためには，様々な労働環境や労働条件の改善を図ることが重要となる。以下では，労働時間の管理とハラスメントへの対応についてみていく。

まず，労働時間の管理についてみていこう。会社は従業員の労働時間を，人間としての適正な労働時間という観点から定め，その範囲の中で効率的な労働力を引き出すことが重要になっている。労働時間の効率性を把握するためには，従業員の労働時間を把握し，生産性にどの程度寄与したかを分析する。また，時間外労働や休日・休暇の管理，年次有給休暇の消化状況なども管理対象となる。

近年，労働時間の短縮化の社会的要請もあり，**所定労働時間**も短縮傾向に

ある。こうした変化の中で，フレックスタイム制や**変形労働時間制**などの具体的な勤務条件を変更する働き方改革が各業界や業種で進みつつある。

　次に，ハラスメントへの対応についてみていこう。男女雇用機会均等法では，セクシュアルハラスメント（性的嫌がらせ）防止のための事業主の対応について規定している。主な3つの要件は，「職場でのセクシュアルハラスメント」，「性的な言動による」，「嫌がらせ」を満たしているものである。厚生労働省は防止対策として，以下の事項を示している。

① 未然防止策…就業規則への明記，研修による周知・啓発など
② 事後対応策…苦情相談窓口の設置など相談受付体制の整備など
③ 再発防止策…事後の適切な対応と被害者のフォローをおこなうなど

　職場で起こるハラスメントとして，パワーハラスメント（パワハラ）がある。パワハラは，職場内の優位性を背景に業務の適正な範囲を超え「上司から部下」だけでなく，「部下から上司」，「同僚から同僚」などの人間関係が生じている場所において，精神的・身体的な苦痛を与える行為としておこなわれる。こうしたパワハラ行為が起こらないような，起こさせないような組織環境の整備が必要となっている。

　そのために，相談や解決の場を設置したり，再発防止策を作ったりすることも大切である。

（4）パートタイム労働者・有期雇用労働者の活用と管理

　社会構造の変化が進む中で，労働市場では，労働時間や就業場所，仕事の自己選択自由度などの拘束力が高い正規従業員と雇用の安定性や処遇面で条件が低く拘束力の弱い非正規従業員という二極化した働き方がみられるようになってきた。小売業は，労働集約的な産業であるため，常に人件費の抑制が経営課題となっていたことから，非正規従業員であるパートタイム労働者や有期雇用労働者の採用が古くから積極的におこなわれてきた業種である。小売業にとって，非正規従業員の働きやすい環境を整えることが，働くことへのモチベーションの向上や長期・安定的雇用を促進するうえで重要である。

　非正規従業員と呼ばれる労働者の名称は，パートタイマーやアルバイト，嘱託，契約社員，臨時社員，準社員など企業によって様々である。こうした

非正規の労働者の適正な労働条件の確保や雇用改善措置を講じることによる正規従業員との均衡のとれた待遇改善を目指して制定された法律が，**パートタイム・有期雇用労働法**（2020年4月）である。この法律の対象者は，「1週間の所定労働時間が，同一の事業所に雇用される通常の労働者（正規従業員）の所定労働時間に比べて短い労働者」と規定され，多様に呼称される上記すべての労働者がその対象である。

　同法の要点の概略は，次の通りである。

① 雇用時の労働条件に関する文書の交付（第6条）

② 就業規則の作成手続（第7条）

③ 不合理な待遇の禁止（第8条）

④ パートタイム・有期労働者であることを理由とした差別的取扱いの禁止（第9条）

⑤ 正規従業員との均衡を考慮した賃金の決定（第10条）

⑥ 正規従業員と同一または均衡を考慮した教育訓練の実施（第11条）

⑦ パートタイム・有期労働者にも福利厚生施設利用の機会を与える配慮（第12条）

⑧ 正規従業員への転換を推進するための措置（第13条）

⑨ 待遇の相違の内容と理由の説明義務（第14条）

⑩ パートタイム・有期労働者からの相談に適切に対応するための相談窓口（第16条）

⑪ 短時間・有期雇用管理者の選任（第17条）

⑫ 苦情の自主的解決（第22条）

　最後に，パートタイム・有期雇用労働者採用時の留意点には次のようなものがある。1つめは，面接時に支持政党，思想，宗教などについて質問は避けることである。2つめは，面接時に勤務時間の変動の可能性があることについて了承を得ておくことである。3つめは，事前に，土日・祝祭日の就労や輪番交代制などについて説明しておくことである。4つめは，正規従業員への登用や能力に応じた昇給制度について説明しておくことである。5つめは，収入に対する課税や社会保険料の徴収に関する説明をしておくことである。6つめは，労働基準法に則り，労働条件について文書で明示し，面接時

に説明することである。

4-3 │ 人材育成とリーダーシップのあり方

(1) 小売業の人材育成

　企業が生み出す価値には，**機能的価値**と**心理的価値**の2つがある。機能的価値は数字で表すことができる価値（品質，サービス水準）であるのに対して，心理的価値は数字で表すことが難しい価値（顧客の体験価値）である。小売業，とくに店頭での接客における顧客への心理的価値の提供は販売に直接的な影響を与えることもあるため，きわめて重要となる。

　従業員のマネジメントには，管理者の態度やコミュニケーションの仕方が**ミラー効果**として表れるため，顧客に接する従業員のマネジメントには時間がかかるが，管理者の接し方や人材育成の内容や方法の伝授などによって，人の能力は変わる。こうした地道な人材マネジメントが心理的価値を高めるための源泉となる。

　人材育成において重要となるのは次の4つである，1つめは，教育をおこなう意義と目的を明確にすること，2つめは，誰が教育を実施するのか，3つめは，どのような従業員に対してどのような教育を施すのかということ，4つめは，どのように教育を提供するのかということである。

　1つめでは，「従業員にとって」，「会社や組織にとって」，「顧客や取引先などに対して」という3つの視点から考えることができる。2つめでは，人事部門や社内講師，教育者社外講師とのコラボレーションをしたり，上司による**コーチング**等によって教育がおこなわれたりする。3つめでは，職位や人事制度上の等級などの組織上の階層ごとに実施される**階層別教育**，職種別で実施される**職能別教育**，優れた人材や幹部候補生などを対象として実施される**選抜型教育**，複数の教育メニューから従業員自らが選択可能とする**選択型教育**などがある。4つめでは，一斉講義形式，ワークショップ形式，通信教育などの方法がある。

(2) 販売員の資質向上策

　販売員を育成していくためには，次のような階層的プロセスを1段ずつ進める必要がある。まずは，動機付けである。管理者は組織の価値観を明示して，販売員によい仕事をすることへのモチベーションややる気を高めるように伝達していく必要がある。次は，マニュアル作成と躾である。

　管理者は従業員が働くための指針となるマニュアルを作成し，トレーニングを実践することで行動面や精神面で躾ける段階である。次は，理解させることである。管理者が従業員との情報共有の仕組みを作り，よい仕事をおこなうためのスキルや知識を頭と体で身につけさせるようにする段階である。最後は，納得させることである。管理者は従業員が理解するまで忍耐強く実行し，納得するまで実践させる段階である。

　また，管理者は従業員が顧客の購買に対して効果的にサポートできるように，売場でのフォーメーションを定めて，従業員個々の持ち場を決めて顧客にアプローチをおこなうための動的待機ができるように売場での指揮をおこなわなければならない。

　そして，従業員の育成指導にあたり，ミスを責めたり，過去の失敗を蒸し返したり，決めつけたりしないことや注意した後は，必ずフォローしたり，士気を盛り上げるような声かけをすることが管理者としての心構えとして重要である。

(3) リーダーシップのあり方

　経営学者であるハーシー（P.Hersey）とブランチャード（K.H.Blanchard）は，リーダーシップを「与えられた状況のなかで，目標を達成するために，個人あるいは集団に影響を及ぼす過程である」と定義している。一般的に，リーダーシップには次の3つの類型がある。

　1つめは，**指示的リーダーシップ**で，細かい点まで指示することで，不安なく仕事に取り組めるようにするリーダーシップである。2つめは，**民主的リーダーシップ**で，相談や助言など，話し合いで仕事の目標や進め方を決めていくリーダーシップである。3つめは，**放任的リーダーシップ**で，重要な

ことだけを指示し，あとは本人に任せるというリーダーシップである。

　また，部下の成熟度合いによりリーダーシップのスタイルを変える必要があるという考え方がハーシーとブランチャードの **SL**（Situational Leadership Theory）**理論**である。リーダーシップは，「指示（命令）」と「支援（コーチング）」から成り立っており，4つの類型が提示されている。

　1つめは，指示的リーダーシップである。部下の成熟度が低いときには指示を主体として，支援は少なくするものである。2つめは，説得的リーダーシップである。部下の成熟度が中くらいに至るまでは指示を減らし，支援を徐々に増やすものである。3つめは，参加的リーダーシップである。部下の成熟度が中程度以上のレベルに達した場合，必要以上の介入は減らし，指示も支援も減らすことが望ましいことになる。4つめは，委任的リーダーシップである。部下の成熟度が高いレベルに達したときは権限を大きく委譲するものである。

　また，管理者は，部下のモチベーションを高めるために**動機付けの理論**を知っておく必要がある。動機付けの理論には，マズロー（A.Maslow）の「欲求階層説」やマグレガー（D.McGregor）の「X 理論，Y 理論」，ハーズバーグ（F.Herzberg）の「動機付け・衛生理論」，アージリス（C.Argyris）の「未成熟・成熟理論」などがある。

本節では，小売業における防犯・防災対策と店舗施設の保守，衛生管理についてみていく。

5-1 | 防犯・防災対策と店舗施設の保守

小売業にとって商品ロスの主な要因の1つとして，万引ロスがあげられる。万引対策の基本は，万引を誘発させない売場作りにある。とくに，売場の中にデッドスペース（死角）をつくらないことが重要である。万引対策を大別すると3つある。1つめは，積極的な挨拶や警備員や保安員の巡回による人的アプローチ，2つめは，デッドスペースの改善や顧客導線の見直し，クリンリネスの励行，明るい照明への変更などの設備改善，3つめは，防犯カメラや防犯ミラー，防犯ゲートやセンサー・タグ・システムの採用など防犯設備の設置などがあげられる。

また，不審者や強盗対策にも注意を払わなければならない。対策方法には，店内対策，店外対策，侵入窃盗対策を入念におこなう必要がある。

さらに，防火対策も必須である。店内に可燃性が高いものがないか常日頃からチェックする体制を整え，従業員の中から防火管理者を任命し，そのほかの従業員の中から，防火対策や救急対応などの定期的な受講を義務付けるなどの体制整備も大切である。

マクロな視点からは，いつ発生するかわからない緊急事態に備えて，事業継続計画（BCP：Business Continuity Planning）を導入することも重要である。

作成の要点は，中小企業BCP策定運用指針（中小企業庁）やBCP策定普及・啓発パンフレット（東京商工会議所）などに示されている。

5-2 | 衛生管理

近年，食品衛生に対する社会的関心は高まってきており，行政当局からの指摘をかわそうという消極的な対応では済まなくなってきている。これから

は，競合店との差別化を図り，顧客の信頼を獲得するためにも衛生管理レベルの向上に積極的に取り組む姿勢が求められる。

　世界保健機関（WHO）によると食品衛生は，「生育，生産，製造から最終的に人に消費されるまでのすべての段階における食品の安全性，完全性，および健全性を確保するのに必要なあらゆる手段を意味する」と定義されている。食品に対する安心・安全を確保するために，食品の製造や販売，処理や飲食などに関わる食品取扱事業者は食品衛生責任者をおいて，衛生管理を徹底することが義務付けられている。食品衛生責任者に義務付けられている事項には，許可施設ごとに食品衛生責任者1名を定め，食品衛生上の管理運営に当たること，食品衛生上の危害発生防止のための改善を営業者に進言し，その促進を図ること，法令の改廃などに注意し，違反行為のないように努めることなどがある。また，食品衛生管理者は，食品衛生実務講習会を受講し，食品衛生の最新情報を常時取得しなければならない。

　毎年，食中毒に関わる報道がなされるが，主な食中毒の類型は4つある。1つめは細菌性食中毒，2つめは自然毒食中毒，科学性食中毒，その他アレルギー性食中毒である。こうした食中毒を起こさせないために厚生労働省や都道府

COLUMN 17：消費期限と賞味期限

　店舗で買った食品には，安全においしく食べられる期間があり，袋や容器に「消費期限」か「賞味期限」のどちらかが表示される。

　その違いを知って，健康を守るとともに，買い物をした時や家の冷蔵庫の中にある食品の表示をよく見て，いつまで食べられるか確かめるようにすれば，食べ物をむだにすることもない。食品をむだにしないことは，地球の環境を守ることにもつながる。

　消費期限とは，袋や容器を開けないままで，記載された保存方法を守って保存した場合に，この「年月日」まで「安全に食べられる期限」のことである。弁当，サンドイッチ，生めん，ケーキなど，その他，時間の経過とともにいたみやすい食品に表示される。

　また，賞味期限とは，袋や容器を開けないままで，書かれた保存方法を守って保存していた場合に，この「年月日」まで「品質が変わらずにおいしく食べられる期限」のことである。スナック菓子，カップめん，チーズ，缶詰め，ペットボトル飲料などの加工食品などがこれに該当する。

県，市区町村に食品衛生監視員を配置し，食品取扱事業者などの売場や調理場の監視や指導，抜き取り検査や苦情処理，食品などに関する問い合わせ相談などに対応し食品衛生法の目的を遂げるために業務をおこなっている。

練 習 問 題

> **第1問**　次の**ア**～**オ**は，契約に関する法知識について述べている。正しいもの
> には1を，誤っているものには2をつけなさい。

ア　契約に関する商法や民法の規定の多くは強行規定であり，当事者間の
自由意思で適用を排除できない。

イ　数量を定めた売買で数量が不足するときは，買主が善意であれば代金
の減額を請求したり，残存部分だけでは買わなかったと考えられるとき
は契約を解除したりすることができる。

ウ　罰金とは，1,000円以上10,000円未満の金銭を強制的に徴収する財産
刑の一種である。

エ　契約が成立した後に，約束通りの行為をしないことを瑕疵担保責任と
いう。

オ　過怠税とは，印紙税が課税される文書であるにもかかわらず，正しく
収入印紙を貼付・消印しなかった場合に，印紙税の追徴とペナルティと
した課される税金のことである。

> **第2問**　次の**ア**～**オ**は，小切手について述べている。正しいものには1を，誤っ
> ているものには2をつけなさい。

ア　小切手に記載される支払地，振出日および振出地は，任意的記載事項
である。

イ　小切手に記載される受取人の記載，第三者方払は絶対的掲載事項であ
る。

ウ　小切手に支払い条件などを記載すると無効になり，これを有害的記載
事項という。

エ　小切手は発行者が第三者に宛てて一定金額を支払うべきことを委託す
る形式の有価証券である。

オ　小切手の呈示期間は振出日の日付後30日間とされ，30日間が休日で
あれば，その後の最初の営業日まで延長される。

次の**ア**〜**オ**は，約束手形について述べている。正しいものには1を，誤っているものには2をつけなさい。

ア 約束手形は，当座預金ないし当座貸越額の限度内の金額でなければ振出することができない。

イ 約束手形は，発行者（振出人）が第三者（支払人）に宛てて一定金額を支払うべきことを委託する形式の有価証券である。

ウ 支払人の名称，利息文句は，約束手形の絶対的記載事項である。

エ 法定外の満期の記載は約束手形の有害的記載事項にあたる。

オ 記名式裏書がなされた約束手形が不渡りとなったときは，裏書人は所持人から請求があれば手形金額を支払う義務がある。

次の**ア**〜**オ**は，仕入に関する法知識について述べている。正しいものには1を，誤っているものには2をつけなさい。

ア 委託販売とは，小売業が販売業務をおこなうことによって，サプライヤーから報酬の支払いを受ける一種の無名契約による仕入方法である。

イ 委託販売方式における善管注意義務とは，受託者の属する職業，社会的地位，能力などに応じて社会通念上，通常に要求される注意義務のことである。

ウ 売上仕入（消化仕入）方式は，独占禁止法によって禁止されている。

エ 独占禁止法における不公正な取引方法の指定類型のうち，一般指定には大規模小売業者がおこなう不公正な取引方法，特定荷主がおこなう不公正な取引方法および新聞業の3つがある。

オ 公正取引委員会は，経済産業省の外局で主に独占禁止法の運営にあたる行政機関である。

次の**ア**〜**オ**は，販売に関する法知識について述べている。正しいものには1を，誤っているものには2をつけなさい。

ア 特定商取引法の対象となる取引類型は，訪問販売，通信販売，電話勧誘販売，連鎖販売取引，特定継続的な役務提供，業務提供誘引販売取引，

訪問購入の7つである。

イ 電子商取引では，消費者の購入申込みに対して，事業者が受注した旨を返信し，消費者のアドレスにメールが到達した時点で承諾の意思表示がなされ，契約が成立する。

ウ オプトアウト規制とは，事業者は，消費者があらかじめ承諾しない限り，原則としてメール広告を送信できないことである。

エ エステティックサロンや語学教室は，特定継続的役務提供に指定されている。

オ ネガティブ・オプションとは，相手が購入の申し込みをしていないのに，一方的に商品を送付し，相手から返品や購入しないという通知がない限り，相手に購入の意思があるとみなして代金を請求する商法のことである。

第6問 次の**ア**〜**オ**は，商標法，不正競争防止法，景品表示法について述べている。正しいものには1を，誤っているものには2をつけなさい。

ア 商標の登録は，登録がなされると商標権が発生し，原則として先願者優先である。

イ 商標法によって定義されている商標とは，人の知覚によって認識できるもののうち，文字，図形，記号，立体的形状，もしくはこれらの結合となっており，色彩や音は含まれない。

ウ 不正競争防止法における商品形態模倣行為とは，第三者の商品表示や営業表示と同一か類似した表示を用いて，他人の商品や営業と混同を生じさせる行為をいう。

エ 不正競争防止法における混同惹起行為とは，第三者の著名な商品表示等と同じまたは類似した表示を用いて，自分の商品表示や営業表示として事業活動をおこなう行為をいう。

オ 景品表示法で総付景品の最高額の規制額は，取引価額が1,000円未満の場合の景品類は200円，取引価額が1,000円以上の場合の景品額は取引価額の10分の2となっている。

次の**ア**～**オ**は，小売店経営における計数管理について述べている。正しいものには1を，誤っているものには2をつけなさい。

ア A部門の今期の期首商品棚卸高（原価）21,600千円，当期商品仕入高（原価）50,400千円，期末商品棚卸高（売価）30,000千円，売上高60,000千円であった場合，売価還元法による期末原価在庫高は24,000千円である。

イ B部門の今期の期首商品棚卸高（原価）26,000千円，当期商品仕入高（原価）62,000千円，帳簿期末商品棚卸高（売価）30,000千円，実地期末商品棚卸高26,000千円（売価），売上高80,000千円であった。売価還元法を採用している場合，不明ロス（原価）は4,000千円である。

ウ C部門の今期の期首商品棚卸高（売価）1,700千円，期末商品棚卸高（売価）1,500千円，売上高11,680千円であった場合，商品回転率は7.3回である。

エ 平均在庫高（売価）100万円，年間売上高400万円，年間の売上総利益160万円の場合の交差比率は180%である。

オ D部門の売上構成比40.0%，粗利益率30.0%の場合の相乗積は12.0%である。

次の**ア**～**オ**は，人時生産性と労働分配率について述べている。正しいものには1を，誤っているものには2をつけなさい。

ア 人時生産性とは，「ある一定期間における労働時間1時間当たり（1人時）で，どれだけ粗利益高（売上総利益）を稼ぎ出したか」という尺度のことである。

イ 粗利益高（売上総利益）250万円，月間総労働時間500時間の売場における人時生産性は5,000円である。

ウ 粗利益率（売上高総利益率）25%，1人1時間当たり守備範囲0.008坪，坪当たり在庫高30万円，商品回転率10回転の場合の人時生産性は7,000円である。

エ 労働分配率とは小売業の経営努力によって稼いだ粗利益高（売上総利益）のうち，総人件費に向けられる比率のことをいう。

オ 給与額500万円，粗利益高（売上総利益）4,000万円，総人件費は給与の170%であるときの労働分配率は25%である。

第9問　次の**ア**～**オ**は，小売業の組織のあり方について述べている。正しいものには1を，誤っているものには2をつけなさい。

ア　三面等価の原則とは，「職務を明確にするためには，権限・責任・予算の大きさは同じでなければならない」とする原則である。

イ　スパン・オブ・コントロールとは，統制範囲の原則とも呼ばれ，1人の従業員が一定期間に処理するのことのできる仕事の質と量を指す。

ウ　従来の職務に管理的な要素を付加し，職務を垂直的・質的に増大させる方策を職務拡大という。

エ　ファンクショナル組織とは，商品開発，仕入，販売，管理などの経営機能ごとに編成された組織形態のことである。

オ　垂直的分業とは，必要な活動をその種類や性格，そして量に応じてグループ化して能率を高めていくものであり，部門化とも呼ばれている。

第10問　次の**ア**～**オ**は，人材育成とリーダーシップのあり方について述べている。正しいものには1を，誤っているものには2をつけなさい。

ア　ミラー効果とは，親密な関係では相手と同じ動作をすることが多いとする心理学用語である。

イ　職能別教育とは，職位や人事制度上の等級など，組織の階層ごとに実施される教育である。

ウ　選抜型教育とは，とくに優れた人材や強化したい人材を選んで集中的に実施される教育である。

エ　ワークショップとは，参加者が自ら参加・体験し，グループの相互作用の中で何かを学びあったり，創出したりする教育手法である。

オ　ハーシーとブランチャードのSL理論における指示的リーダーシップとは，部下の成熟度が中程度に至るまでは，指示を減らし，支援を増やしていくというものである。

答　え

第 1 問：2　1　2　2　1

第 2 問：2　2　1　1　2

第 3 問：2　2　2　1　1

第 4 問：1　1　2　2　2

第 5 問：1　1　2　1　1

第 6 問：1　2　2　2　1

第 7 問：1　2　1　2　1

第 8 問：1　1　2　1　2

第 9 問：2　2　2　1　2

第10問：1　2　1　1　2

あとがき

　本書は各大学で販売実務論や販売管理論，リテールマネジメント概論，販売士講座などの講義を担当する大学教員5名が執筆者に名を連ねています。

　本書出版にあたり，まだ市場にはない内容の書籍を刊行することを目指し，執筆者全員で幾度となく研究会や会議を重ねながら，本書企画を練り上げてきました。そこでたどり着いたのが，小売業の経営や販売管理に対する理解と知識を深めることのできる書籍，いわば，初学者でもわかる「リテールマーケティングってなんだろう」について応えるための書籍というコンセプトでした。

　その内容に関して，リテールマーケティングに関する知識を身につけてもらうのであれば，さらにそれを資格取得と結び付けてもらえれば実学としても有益ではないかと考えました。みなさんもご存じのように，リテールマーケティングに関する資格試験には，「販売や小売経営のプロ」を養成するために，1973年（昭和48年）からはじまった「販売士検定」が広く知られています。2015年からは，「リテールマーケティング（販売士）検定」に名称を変更し，リスタートをしている公的検定試験です。

　本書の内容は，この試験の2級（小売業の幹部・管理者レベル）の内容をベースとしながらも，3級（小売業の販売員レベル）の内容も織り交ぜて記述を進めました。さらに，小売業界で生起する新たな動向や課題にも触れるとともに，1級（小売業の経営者，マーケティング責任者，コンサルタントレベル）の内容への展開にも配慮しつつ，それをわかりやすく記述しています。本書1冊でリテールマーケティングに関する基本的な知識の修得と，資格試験の2級・3級レベルの知識が身に付くという趣旨で本書は企画・制作されていますが，不十分な点，お気づきの点も多々あったかと思います。その点については，読者の忌憚のないご意見をお待ちしたいと思います。

　本書を読み終えたのち，ここで得た知識が小売経営の現場で実践されるとともに，変化し続ける市場環境の中で小売業のあり方を改めて問い直す良い機会としていただけると幸いです。本書を多くの読者にお届けできることを願って。

編　著　者

索引

【欧・数】

ABC 分析 ……………………………… 76
ASN ……………………………… 85
CPFR ……………………………… 83
CRM ……………………………… 158
CRP ……………………………… 82
DMO ……………………………… 150
ECR ……………………………… 83
EDFP ……………………………… 136
EDI ……………………… 61, 83, 84
EOS ……………………………… 97
FSP ……………………………… 158
GTIN ……………………… 62, 84
IoT 活用 ……………………………… 152
ITF ……………………………… 84
ITF コード ……………………… 62
JAN コード ……………………… 62
JAN シンボル ……………………… 78
JCA 手順 ……………………………… 84
JMI ……………………………… 83
LSP ……………………………… 115
NB（National Brand） ……………… 134
Off-JT ……………………………… 114
OJT ……………………………… 114
PB（Private Brand） ……………… 134
PIO-NET ……………………………… 181
PLC ……………………………… 153
POS システム …………… 49, 72, 75
POS ターミナル ……………… 76
POS データ ……………………… 63
RE 値 ……………………………… 116
RFID ……………………………… 79
ROI ……………………………… 50
SCM ラベル ……………………… 84
SKU ……………… 49, 51, 63, 72
SL 理論 ……………………………… 210
VMD ……………………………… 110
VMI ……………………………… 82
Web 法 ……………………………… 148
3C 分析 ……………………………… 150
3P 戦略 ……………………………… 149
4P 理論 ……………………………… 132

【あ行】

アーバン ……………………………… 144
アイテム ……………………… 49, 51
アイテムプレゼンテーション ……… 110
アイランド陳列 ……………………… 111
アクセントカラー ……………………… 99
上げ底陳列 ……………………………… 106
アコーディオン理論 ……………………… 6
アセンブリー性（集団性） ……………… 149
アソートメント ……………………… 50
アプローチ ……………………………… 122
粗利ミックス ……………………………… 194
アローワンス ……………………… 46, 68
イクサーブ ……………………………… 144
育成商品中央配置型陳列 ……………… 107
委託仕入 ……………………… 60, 81
一括統合納品 ……………………… 81
イベント（催事） ……………………… 153
印紙税法 ……………………………… 170
インストアプロモーション ……………… 76
インストアマーチャンダイジング（ISM）
……………………………… 154
ウィング（翼型）陳列 ……………… 99
売上債権 ……………………………… 199
売上高営業利益率 ……………………… 199
売上高総利益率 ……………………… 199
売場プレミアム ……………………… 153
売れ筋商品 ……………………… 63
営業秘密 ……………………………… 189
越境 EC ……………………………… 150
エンド陳列 ……………………… 108
応募プレミアム ……………………… 153
大型拠点型 ……………………… 143
オープン陳列 ……………………… 111
オプトイン規制 ……………………… 185
お見送り ……………………………… 123
オリコン単位 ……………………… 85

【か行】

カートン単位 ……………………… 85
階層別教育 ……………………………… 208
買取仕入 ……………………… 60
買回品 ……………………………… 65
家計調査年報 ……………………… 147
過失責任の原則 ……………………… 168
過剰在庫 ……………………………… 73
カットケース陳列 ……………………… 108

カテゴリーキラー………………… 143
カテゴリーブランド……………… 134
カテゴリーマネジメント…… 44，52，53
家電リサイクル法………………… 181
カラーストライプ陳列…………… 99
カルテル…………………………… 139
観察法……………………………… 204
慣習価格…………………………… 137
慣用分類…………………………… 64
機能的価値………………………… 208
客購買単価向上…………………… 155
強行規定…………………………… 168
協賛金……………………………… 69
共同配送…………………………… 81
共同配送…………………………… 82
業務提供誘引販売取引…………… 187
業務命令…………………………… 205
許容費用…………………………… 57
金銭授受…………………………… 123
クーポン式プレミアム…………… 153
クラス……………………… 49，50
グルーピング……………………… 70
グループ…………………………… 50
クロージング……………………… 123
クロスドック型トランスファーセンター物流
………………………………… 81
クロスマーチャンダイジング…… 95
経営分析…………………………… 197
経常予算…………………………… 55
ケイビエット・エンプター……… 69
契約………………………………… 168
契約自由の原則………………… 168，177
契約不適合責任…………………… 169
決済 EDI ………………………… 85
決定（行動）……………………… 123
限界利益…………………………… 58
限界利益率………………………… 58
原価値入率………………………… 67
権限委譲の原則…………………… 203
顕在的商圏………………………… 141
懸賞………………………………… 190
原状回復義務……………………… 179
建設リサイクル法………………… 181
検品………………………………… 47
貢献利益…………………………… 58
交差比率…………………………… 194
公序良俗…………………………… 177

拘束条件付取引…………………… 139
購買需要予測型システム………… 71
小売引力の法則…………………… 144
小売中心性指標…………………… 144
小売の輪の理論…………………… 6
コーチング………………………… 208
コーディネート陳列………… 99，111
コーナープレゼンテーション…… 110
コーポレートブランド…………… 134
ゴールデンライン…………… 71，105
小型家電リサイクル法…………… 181
小切手法…………………………… 170
小切手要件………………………… 170
顧客志向…………………………… 156
顧客中心…………………………… 157
国勢調査…………………………… 147
腰線………………………………… 105
個人外商…………………………… 23
個人情報…………………………… 191
個人情報取扱事業者……………… 191
個人情報保護法…………………… 191
個人データ………………………… 191
コストプラス方式………………… 137
固定費……………………………… 58
個別信用購入あっせん…………… 182
コミッション……………………… 69
固有の職務割当…………………… 204
コンシューマパネル……………… 60
コンテスト………………………… 153
混同惹起行為……………………… 189
ゴンドラ陳列……………………… 108

【さ行】
在庫金利…………………………… 73
在庫削減…………………………… 73
先入れ先出し陳列………………… 111
先入先出法………………………… 99
作業割当計画……………………… 115
作業割当表………………………… 113
サバーブ…………………………… 144
サブクラス………………………… 51
サプライチェーン………………… 83
サプライチェーン・マネジメント…… 83
差別的セグメント………………… 132
サンプル陳列……………………… 111
サンプル提供……………………… 153
三面等価の原則…………………… 202

仕入計画·····················46，59	情報流··························4
シェルフマネジメント················155	商流··························4
時期集中型小口物流···············81	ショーケース陳列·················108
資金予算·····················56	職能別教育····················208
自己資本利益率················199	食品リサイクル法·················181
指示的リーダーシップ···············209	職務個別調査法·················204
自主マーチャンダイジング···········81	職務分析比較法·················204
市場細分化···················141	徐権決定·····················171
自然商圏·····················133	ショッププレゼンテーション··········110
実験法······················204	所定労働時間··················205
実地棚卸·····················193	所有権の絶対··················168
質問法···················147，204	指令系統の統一化の原則··········202
自転車リサイクル法···············181	信義則·····················177
品出し·······················98	真空地帯理論····················7
死に筋商品················63，72	人口動態調査··················147
資本予算·····················56	人時（マンアワー）···············112
資本利益率···················199	人時生産性··············112，195
ジャストインタイム物流············82	新総合物流戦略·················80
ジャンブル陳列·················111	人的販売活動··················153
就業規則·····················205	信頼（確信）···················123
集合包装用商品コード············78	心理的価値···················208
集中仕入·····················61	垂直型ディスプレイ··············155
集中戦略·····················142	スーパーセンター················10
集中貯蔵の原理··················4	スケマティック・プロノグラム···71，155
重点管理·····················76	ステージ陳列··················108
住民基本台帳··················147	ステップ（ひな檀）陳列············99
出店立地·····················144	ストアアロケーション·············132
受発注EDI·····················84	ストアコントローラ···············76
需要の価格弾力性···············68	スペースマネジメント··········70，155
需要予測型棚割システム···········155	生活体系型商品分類·············51
消化仕入·····················61	生産体系型商品分類·············51
商業統計調査··················147	制度分類·····················64
商圏·······················141	セールスプロモーション············76
商圏調査·····················143	責任会計·····················55
商号······················188	絶対的記載事項·················170
承諾·······················168	絶対的欠品····················97
消費者教育···················153	折衷方式·····················56
商標······················133	セリングポイント················122
商品回転率················73，193	潜在的商圏···················141
商品管理·················47，72	前進立体陳列··············98，111
商品計画·················45，49	選択型教育···················208
商品形態模倣行為···············189	選抜型教育···················208
商品提示·····················122	専門化の原則··················202
商品廃棄ロス··················75	専門品······················65
商品ブランド··················134	戦略商圏·····················133
商品ミックス··················194	戦略的ビジネスユニット···········53
商品ロス·····················74	総合型物流システム·············81

総合方式…………………………… 182
総合予算……………………………… 55
総差異………………………………… 56
総資本経常利益率………………… 199
相対的欠品…………………………… 97
ゾーニング…………………………… 70
組織開発…………………………… 203
損益分岐点……………………… 57，198
損益分岐点売上高………………… 198
損益予算……………………………… 55

【た行】
待機………………………………… 122
退去妨害（監禁）………………… 179
代金減額請求……………………… 169
体験法……………………………… 204
第三者物流…………………………… 81
ダウンタウン……………………… 144
多端末現象…………………………… 62
棚卸…………………………………… 74
棚卸ロス……………………………… 75
棚替………………………………… 71
棚割……………………………… 46，70
多頻度小口配送……………………… 82
ダブルアタック型陳列…………… 107
断定的判断の提供………………… 179
単品管理………………………… 63，72
地域団体商標……………………… 188
注目………………………………… 122
懲戒規定…………………………… 205
帳簿棚卸…………………………… 193
著名表示冒用行為………………… 189
追完請求…………………………… 169
通信販売…………………………… 184
ディストリビューションセンター…… 82
ディストリビュータ………………… 46
定性調査…………………………… 147
定番商品……………………………… 63
ディマンドチェーン………………… 83
ディマンドチェーン・マネジメント … 80，83
定量調査…………………………… 147
適応行動理論………………………… 8
適正在庫……………………………… 73
デシル分析………………………… 158
手線………………………………… 105
デパートメント……………………… 50
展示型陳列………………………… 109

添付プレミアム…………………… 153
電話勧誘販売……………………… 185
電話法……………………………… 148
動機付けの理論…………………… 210
同質的な職務割当の原則………… 202
統制範囲の原則…………………… 202
動的待機…………………………… 122
当用仕入……………………………… 61
登録商標…………………………… 188
独占禁止法………………………… 139
特定継続的役務提供……………… 186
特定商取引法……………………… 183
特定負担…………………………… 186
特定物……………………………… 170
特定利益…………………………… 186
トップオブマインド……………… 150
トップダウン方式…………………… 56
ドミナント型……………………… 143
トラフィックカウンツ……………… 59
トランスファーセンター…………… 81
取引数量単純化の原理………………… 3
ドロシーレーンの法則…………… 137

【な行】
荷受………………………………… 47
任意規定…………………………… 168
任意的記載事項…………………… 170
値入……………………………… 67，68
値入額…………………………… 67，68
値入率……………………………… 67
ネガティブ・オプション………… 188
値下ロス……………………………… 74
値付………………………………… 47

【は行】
パートタイマー制………………… 203
パートタイム・有期雇用労働法…… 207
売価値入率…………………………… 67
ハイターン………………………… 106
媒体戦略（メディアプランニング）… 151
ハイパーマーケット………………… 9
パイルアップ（積上げ）陳列……… 99
薄利多売……………………………… 65
端数価格…………………………… 137
ハフモデル………………………… 144
パワーカテゴリー………………… 155
ハンガー陳列……………… 100，108

販売価格差異·············· 56
販売機会ロス·············· 154
販売計画·············· 46，52
販売差異分析·············· 56
販売予測·············· 52
比較検討·············· 123
ビジュアルマーチャンダイジング····· 110
非人的販売活動·············· 153
標準 EDI·············· 84
平台陳列·············· 108
ファッションカウンツ·············· 59
ファミリーブランド·············· 134
ファンクショナル組織·············· 203
フェイシング·············· 71，104
フェイス·············· 104
フェイスアップ·············· 97
不完全履行·············· 169
服務規律·············· 205
不実告知·············· 179
不退去·············· 179
フック陳列·············· 108
プッシュアウト（突き出し）陳列······ 98
物流·············· 4
物流 EDI·············· 84
不当表示·············· 190
不当廉売·············· 139
不特定物·············· 170
プライス·············· 136
プライスゾーン·············· 59，66
プライスポイント·············· 66
プライスライニング·············· 67
プライスライン·············· 59，66
プライスライン政策·············· 66
プライスリーダーシップ·············· 137
フランチャイザー·············· 175
フランチャイジー·············· 175
ブランド·············· 133
不利益事実の不告知·············· 179
プレイス·············· 132
フレックスタイム制·············· 203
フロアマネジメント·············· 155
フロアレイアウト·············· 70
プロセスセンター·············· 82
プロダクト·············· 133
プロダクトライフサイクル·············· 63
プラノグラム·············· 71，155
プロファイリング·············· 158

プロモーション·············· 139
壁面陳列·············· 111
変形陳列·············· 98
変形労働時間制·············· 206
弁証法的仮説·············· 8
変動費·············· 58
返品·············· 69
包括信用購入あっせん·············· 182
法人外商·············· 23
包装·············· 123
放任的リーダーシップ·············· 209
訪問販売·············· 184
ホールセールクラブ·············· 10
保管·············· 47
補充作業·············· 98
補充発注·············· 47，96
保証責任·············· 180
ボックス陳列·············· 108
ボトムアップ方式·············· 56
保有個人データ·············· 191

【ま行】
マークアップ·············· 60，68
マークダウン·············· 60，68
マーケットリサーチ（市場調査）····· 146
マーケティングミックス·············· 132
マーケティングリサーチ·············· 146
マージン·············· 69
マーチャンダイザー·············· 48
マーチャンダイジング·············· 44
マーチャンダイジング・サイクル····· 45
前出し作業·············· 97
前払式割賦販売·············· 182
前払式特定取引·············· 183
マス媒体·············· 150
満足·············· 123
ミラー効果·············· 208
民主的リーダーシップ·············· 209
無差別的セグメント·············· 132
名声価格·············· 137
面接法·············· 147
申込·············· 168
目標売上高·············· 58
目標利益·············· 57
最寄品·············· 64

【や行】

有害的記載事項······························ 170
郵送法····································· 147
容器包装リサイクル法······················ 181
欲望······································· 122
予算······································· 54
予算差異分析······························· 56
予算統制··································· 56
予算編成··························· 52，54

【ら行】

ライフスタイルアソートメント········· 50
ライリーの法則··························· 144
ライン····························· 49，50
リーガンの仮説··························· 7
利益管理··································· 54
利益計画··························· 52，57
履行遅滞··································· 169
履行不能··································· 169
リスクマネジメント······················ 190
リベート··························· 46，68
流行商品··································· 63
流通 BMS ································· 84
流通フロー································· 4
ルーラル··································· 144
例外の原則································· 203
レジ前陳列································· 111
連鎖販売取引······························· 186
連想······································· 122
ロイヤルティ······························· 175
労働基準法································· 205
労働分配率································· 195
ローコストオペレーション············· 96
ローストック······························· 106
ローン提携販売··························· 182

【わ行】

ワントゥワンマーケティング········· 158

執筆者（執筆順）

堂野崎 衛（拓殖大学商学部教授）編著者　まえがき・第3章・あとがき担当

河田 賢一（常葉大学経営学部教授）　第1章担当

髭白 晃宜（沖縄国際大学産業情報学部准教授）　第2章担当

所　吉彦（岐阜協立大学経営学部教授）　第4章担当

麦島 哲（ラッセル税理士法人代表税理士，千葉経済大学ほか非常勤講師）

　　　第5章担当

リテールマーケティング入門

■ 発行日── 2023 年 4 月 16 日 初版発行〈検印省略〉

■ 編著者──堂野崎　衛

■ 発行者──大矢栄一郎

■ 発行所──株式会社 白桃書房

　〒 101-0021　東京都千代田区外神田 5-1-15

　☎ 03-3836-4781　FAX 03-3836-9370

　郵便振替 00100-4-20192　https://www.hakutou.co.jp/

■ 装丁・本文デザイン・組版──中野多恵子

■ 印刷・製本──藤原印刷

Ⓒ DONOSAKI, Mamoru　Printed in Japan　ISBN978-4-561-65246-5　C3063

本書のコピー，スキャン，デジタル化等の無断複製は著作権法上での例外を除き禁じられています。本書を代行業者等の第三者に依頼してスキャンやデジタル化することは，たとえ個人や家庭内の利用であっても著作権法上認められておりません。

JCOPY ＜出版者著作権管理機構 委託出版物＞

本書の無断複製は著作権法上での例外を除き禁じられています。複製される場合は，そのつど事前に，出版者著作権管理機構（電話 03-5244-5088，FAX 03-5244-5089，e-mail: info@jcopy.or.jp）の許諾を得てください。

落丁本・乱丁本はおとりかえいたします。

◆ 好評書 ◆

エッセンシャル講義
流通論教室
坂本　英樹 著　　定価 3200 円

流通チャネル，取引，消費者行動に関する学術的理論，現実のマーケットにおけるビジネス慣習，法的環境，技術環境，そしてリテール 4.0，ならびにマーケティング 5.0 の最新研究を，事例を交えて整理したテキスト。

図表でわかる！
現代マーケティング論
金　成洙 著　　定価 3000 円

マーケティングの本質と理論・分析フレームワークの体系的な理解を目指し，「マーケティング理論と分析フレームワークなどの解説」と「わかりやすい図表」の 2 つの視点から解説。学生の学びに加え，実務家の手引書としても有用。

東京 白桃書房 神田
本広告の価格は定価です。消費税（10%）を含みます。